定年先遣隊

趣味は生きがいになりえるか?

竹沢利器雄
Rikio Takezawa

花伝社

定年先遣隊——趣味は生きがいになりえるか ▣ 目次

目　次

まえがき

　近くの石神井公園に行くと、まだ元気そのもので働き盛りのような人がまるで脅迫観念に取りつかれたように真剣な表情で散歩をしている。おそらく定年退職してとくに行くところもないが、家の中にばかりいてはよくない、運動不足もいやだということで、せっせとウオーキングに励んでいるのだろう。それはそれでたいへん結構なことだが、一方、どこかで義務感にかられてやっているような不自然さも感じる。

　〇七年問題と言われるように、今後数年間に団塊の世代の退職が続く。これまで高度成長期を牽引してきた会社人間たちがいっせいに毎日がフリーな日々を迎えることになる。年齢的にはまだまだ元気な世代だから世の中のあちこちで、エネルギーを持て余しながら定年後の毎日をどう過ごそうかと悩む人たちが確実に増えていくと思われる。これまでの会社社会がタテ社会であったのに対し、地域社会は肩書きも名刺も関係ないヨコ社会なのでその対応にとまどう人も多いだろう。新環境への適応に挫折して引きこもり気味になり、結局、これまでの会社社会でのつきあいを引きずり続ける人たちも多いと思う。今、あちこちで退職後をどう過ごそうか、ということがさまざまに議論されているのは当然のことだ。

人間にとって、とくに会社社会が人生そのものだったような人にとって、何やかや言っても仕事が一番おもしろい。その時点では四苦八苦したことも過ぎてしまえばまた良き思い出だ。しかし、人生は冷酷でもある。一定の年がくれば、普通の人は後進に道をゆずらなければならない。そして、それまで地域社会とのつきあいもなく、格別に趣味もなかった人には毎日をどう過ごしていくかはたちまち大問題となる。かつて、平均寿命が五〇代後半であった明治時代では、定年を迎え数年間庭いじりでもしていたらお迎えがきたことだろう。そのころは定年後をどう過ごすか、などは考える必要もなかったはずだ。

しかし日本人の平均寿命は伸びた。現在六〇歳の人の平均余命は男性が二二・〇年、女性は二七・五年だという（平成一五年）。今、たとえば六十歳で退職してもまだ人生が二十年以上はあるという現実が残る。昔にくらべてぜいたくな悩みと言えばそれまでだが、この時間は半端な長さではない。三十歳から五十歳という働き盛りに匹敵する長さだ。その間を、ぬれ落ち葉とかワシ族などと言われて過ごすことだけは嫌だ。時間を持て余し飲食が進み、肥満に苦しむのなどまっぴらだ。何かをやりたい、しかしどうすれば良いのだろう、こんな風に思っている人も多いのではないだろうか。

私自身はまだ定年を迎えたわけではない。しかし、終戦直後に生まれた私は団塊世代のやや先輩として早晩定年を迎える予備群の一人であり、ここ数年その後の生き方についてあれこれと考えてきた。六年前、三十三年勤めた第一の職場を離れて関連会社に移った。第一の職場は多忙をきわめた都市銀行だったので、夜、昼となくスケジュールが一杯だった。週末も数ヶ月先まで予定が入っていて、それが当然の世界だと思っていた。ところが第二の職場は賃貸ビル業で、緊急時はともかく平常時は毎日の仕事は平穏なもの、勤務時間も定刻通りで非常に規則的な生活になった。設備面など技術関係は専門企業に委託しており、テナント関係でとくにもめごとでもなければ日常はそれほど忙しいこともない。多忙なときは自由時間がもう少しあればいいのにと思っていたが、いざ充分に時間ができると何か落ち着かない。比較的安定した仕事についていることを感謝しなければならないが、しかし、人間はパンのみに生きるものでもない。もっと激しい毎日を送りたい、まだ充分燃焼し尽くしたわけではない、という気持ちが否定できなかった。

それからは悶々とする日々が相当の期間続いた。ところが残念ながら、これまで日本的なジェネラリストとして育ってきた自分には外界に売れる格別の特殊能力があるわけではなく、まして自ら起業するなど大見得をきったことができるわけでもない。それならもうすっぱりと過去のことは忘れて新しい生活のリズムを作ることが大切だと心を切り変えた。そして数年後には本当のリタイヤー生活が待っているのだから、そこへのソフトランディングをめざしてこの期間にいろいろな世界をのぞいて見ようと決めた。考えてみれば若い頃から興味を持っていたものの、仕事を優先したためにやれなかったことはいろいろある。この際、それを体験してみよう。そして仕事以外の世界を広げることは、新たな刺激を受けることでもあり、結果としてより密度の高い、集中した仕事ができるかもしれない。……こうして私の新しい生活、あえて言えば定年後のライフスタイルを探し求める日々が始まった。

どちらかというと好奇心が強い性質《たち》なので、そうと決めてからはいろいろな世界に挑戦した。初めはこれまで多少は縁のあることが取り組みやすいと思い、長い間ご無沙汰してきた合唱を再開し、囲碁教室に通い、水泳も基礎から習った。漫然とやっていたゴルフもきちんとレッスンを受けた。これはいわば慣らし運転だった。

そのあと、人生で一度はやってみたかったこと、あるいは中途半端に終わったがもっと本格的にやりたかったことに意欲的に取り組んだ。念願だった楽器に挑戦し、クラリネット、クラシック・ギターを習った。せめてタンゴをきちんと踊りたく社交ダンスの門をたたいた。単身赴任時代の経験から自活力を高めようと男の料理教室に通い、内外の勤務経験から感じたことをエッセイにまとめて出版した。そのほか、硬軟取りまぜて興味のある世界をいろいろ体験した。

それはあたかも新しい自分の生活のリズムを捜し求める放浪の日々でもあり、またそれまで縁のなかった別の社会を垣間見る貴重な機会でもあった。肩書きや名刺なしの出会い、つきあいも各所で始まった。地域の人たちと酒を飲む機会ができるなど、それまでの自分が思ってもいなかった世界が開けた。この過程では、犯してはならない地域社会でのつきあいの掟を破り、手痛い思いもしたが、仕事一筋の頃とくらべれば、精神的に落ち着く居場所をみつけた思いもした。

しかしいろいろなことを行ってもどうも今ひとつすっきりしない。それからは少し観点を変えて、社会貢献やボランティアの世界に関心が移っていった。そこにはどんな世界が待っているのだろう？　そしてその感想は？

繰り返しになるが、私はまだ定年退職者ではない。しかも、一般的に言えば時間的に相当恵まれた立場にいる。そういうやや特殊ケースにあるかも知れないが、遠くない将来、定年を迎える準備のために、業務終了後、あるいは週末を利用して、いろいろな世界を体験してきたものである。言わばその日のためのプレ・マーケティング中とも言えよう。本書ではそうした自分の経験をふりかえるつもりでもう一度整理をしてみた。そして思った。差し出がましいが、私の経験は結果的には、同じような問題意識をお持ちの方、中でも今は現役のため自分では動きにくい方のために、言わばその人になり代わって、先遣隊としてマーケットリサーチをしたような面があるかも知れない。そういう方々に、私が数年間かけてあちこちに出入りした経験をまとめて記すことは何らかの意味があるかもしれないと。

そう考えて、当初はあくまで自分のために行動したことだったが、本書ではアクティブなシニアライフをめざす人たちのための体験集としてまとめてみた。記したことは基本的にはすべて自分が体験したことをベースとしており、それが特徴だと思っている。そして、どちらかというと、定年後は静かに過ごしたいというより、何かに取り組みたい、それもあまり月並みなことではない方が良い、と思っているような方々を念頭において書いた。こうした観点から、出過ぎたことかもしれないが、文中、ときどき「先遣隊員のつぶやき」を入れた。これは、あくまで、私はこう感じました、という感想だ。本書の半ば過ぎまで個々の体験を描くが、これは私がずっと心の中に抱いてきた「趣味は生きがいになりえるか」という問題意識を検証してきた過程でもあり、具体的に記さないと意味がないので細部も加えた。その過程で私がどんな感想を持ち、どんな心境をたどったかを理解していただきたいためである。そして、これは後段で次第に自分の思いが固まっていくことを記す前提でもありしばらくはおつきあいをお願いしたい。本書に目を通したあと、皆さんが定年後の生き方について考えるとき少しでも参考になれば幸いである。

第1章
まずは身近なことから

一　四十年ぶりに合唱と再会

時間ができて何かしたい気持ちが強まったものの、これまで仕事一筋で特別な趣味もなく過ごしてきた自分としてははたと困った。さて、何から始めようか、と。あまり考えが及ばないので、まずは手っ取り早く気軽に参加できそうな、自分にある程度土地勘のある世界から足を踏み入れることにした。

最初に関心を持ったのは地域の合唱団に入ることだった。今後、定年後の生活を考えると、何か軸になる趣味を持ちたい。と言ってあまりなじみのない世界からとりかかるのは簡単ではない。中核になることはやはり自分なりに多少は縁がある世界だろうと思った。そう考えたとき、合唱を思いついた。

四十五年以上前、田舎の中学で秋に開催される全国中学校合唱コンクールに参加するために、初夏、急造の合唱団が作られた。当時テニス部にいた私も呼ばれ初めて「合唱」を経験した。それは淡い思い出である。課題曲「おはよう」や自由曲として「双頭の鷲の旗の下に」を遅くまで練習したことをよく覚えている。当時、数少ない男女交流の場であったことも記憶に残る理由かもしれない。

高校では芸術で音楽を選び、担当の先生から合唱部へ入部を勧められたが、通学に時間がかかったこともあり参加できなかった。大学では興味はあったが、地方から学生服で上京したばかりの私は何かカルチャーショックを感じ、参加するタイミングを逃した。そうなるとその後は入りにくいものだ。会社に入り、ようやく合唱部員として産業音楽祭などに出場していたが、しばらくして海外勤務になり中断し、以後ずっとご無沙汰していた。しかし、大きな声で歌う楽しさはたしかに記憶に残っていた。

そんな気持ちをある年の冬、ゴルフ仲間と話していたところ、そのうちの一人の奥様が音楽大学出身で、とある合唱団を主宰しているという。そしてそこは男声が少ないので参加してくれたら喜ばれるだろうと聞いた。三十余年ぶりに楽譜をみる立場としては、そういうところは入りやすい。さっそく電話で連絡をとると、毎週水曜の夜、七時から九時まで、区の文化センターで練習しているので気軽に来て下さいという。少し、おずおずと、しかし期待を胸に秘めて出かけてみた。

文化センターの入り口には部屋ごとに、昼、夜となく、時間帯別に使用する趣味のサークル名が書かれていた。音楽だけではなく、絵画、ダンス、山の会、太極拳その他いろいろなサークルの名前がある。地域の文化活動が活発に行われていることを実感した。めざす合唱団の練習室は三十人くらいが入る小ルームで真ん中にピアノが置いてある。早く来た人たちが椅子を並べて準備をしていた。そのうち、電話で話した方が来られた。とにかく今日は入会するかどうかは別にしてためしに一緒に歌いましょうということになった。

練習はまず身体をほぐす柔軟体操から始まった。ゆっくりと首や肩をまわし、両腕をぶらぶらとさせ、身体を前後に曲げて……、などと続く。「発声」はいわば自分の身体全体を楽器として使うことなどで、共鳴しやすいようにリラックスすることが大切だと指揮者は強調する。そしてア、ア、ア、やウ、ウ、ウ、と声を出して音階をたどる発声の基本練習が始まる。腹の奥までしっかり息を吸い込み、腹筋を使い、声をできるだけ遠くに投げかけるように出すようにと指導された。喉に力をいれず、高い音は頭の上から出すように……など、長らくご無沙汰していた発声のイロハを久しぶりに聞いた。

練習曲は高田三郎氏が作曲した「遠くで鐘が」「駆ける鹿」など叙情味のある曲や、ベルディの「ナブッコ」をはじめとするオペラ曲、ビバルディの「春」、そしてイタリア民謡など、雰囲気の違うものをよく組み合わせてあった。「テノールですかバスですか」と聞かれ、テノールの高い音は自信がないので声を出しやすいバスを歌った。バスは地味に見えるが和音のベースとなる土台として、非常に大切だと言われた。

この団はこぢんまりとしていて、ソプラノ、アルトがそれぞれ十人くらい、テノールとバスは合わせて六人だけだった。少人数の場合、パート練習のときなど個人の声がはっきりわかり、久しぶりに歌う者としてはちょっと恥ずかしい。それにしても、大きな声で歌を歌うことは確かに気持ちがよい。気分転換になり、ストレス解消にはもってこいだ。その年の十月に定期演奏会があるそうで、指揮者は残りの期間で仕上げるのに苦労しているように見えた。女声には高い音が下がり気味になるから注意しなさい、男声はリズムにおくれないように、などいろいろ指導される。なめらかに歌うところはアクセントをつけてはいけない、クレッシェンドはしっかりと……など、音程がとれても表現力の向上には課題が多い。

男声があまりにも少ないと思ったが、演奏会には指揮者が教える大学から学生が応援にきてくれるので、結構さまになるという。女性は四十代から六十代前半、平均で五十代後半くらいだったろうか。男声は四十代が一人でほかの方は明らかに六十代以上と見えた。結局、私はその日のうちに入団し、入会金千円、団費月四千円を支払った。その後、この団の人数が必ずしも非常に少なくないことを知った。いろいろな合唱団の発表を聴く機会に接していると三十人から四十人程度のところが多く、また合唱はむしろ少人数の方が純粋な音を追求でき、美しい響きを出す面があると感じた。

次の週に行くと技術担当の方がそれぞれの曲から、バスの旋律だけをピアノで弾いたテープを作ってきてくれた。これは新入りの私にはありがたかった。それに加え、練習時の歌声をＭＤに録音し、朝、晩の通勤時に聞いた。早くキャッチアップしたいし、他のメンバーの足を引っ張ってはいけないと思ったからだ。朝から音楽を聴くことはすばらしく、非常に気持ちが良い。それまで電車の中でヘッドフォンやイヤホーンを付けている人を非難がましく見ていたが、自分で聞いてみるとこれは最高だ。

少人数の場合、むしろ結束が固いのか、みなさん仲良しのようにみえた。横浜に引っ越した人も都内まで毎週来ていたからそれだけ魅力があったのだろう。五つ離れた駅の町から自転車で通ってくる元気な女性もいた。家族のために夕食の準備をすませ、それから急いでやってくるのだという。練習は一時間が過ぎると休憩になり、お菓子や飴がまわってくる。バレンタインデーにはチョコレートもいただいた。男性が少ないせいか気を使ってくれる。ただ、男性陣はおとなしく練習のあい間に天候の話を交わす程度だった。また相当の年齢の方がおられ、そういう人からはあまり歌う声が聞こえない。おそらく好きな道に参加しているが、寄る年波には勝てず本人は歌っているつもりでも客観的には声量が少なくなっているのだろう。いろいろな人生模様を早くも感じることになる。

女性陣は主婦が大半と見られ練習が終われば家路を急ぐことになる。帰りが同じ方角の人たちと多少話すことがあるくらいで、趣味の会としてはかなり淡白な人間関係に感じた。少人数も良いが、どうせやるならもう少し大きなところがおもしろいかなとも思った。

こうして、合唱との再会を果たした。その後、六ヶ月くらい続けたが、後述するように少し腰をすえて勉強したくなり、司法試験の予備校に通うことにした。これは週三日、非常に詰めた時間を必要としたもので、それと合唱との両立はむずかしいと思い、残念ながらその時点でこの合唱団とはさよならをした。中途半端に留まり、定期演奏会のメンバーとして当てにされながら結局出られなかったらかえって迷惑をかけると思ったからだ。しかし、はじめて「趣味の会」というところに参加して地域の方と一緒に行動したことは良い経験になった。そして数十年ぶりに発声練習や楽譜の読み方、歌い方などいろいろのことを学ぶことができたことはたいへんありがたかった。合唱はその後曲折があるものの、現在も趣味の中核となっている。

先遣隊員のつぶやき

合唱団に入るにはタイミングが大切だ。どの団も一年に一度は定期演奏会をしている。その直後はこれまでの会員も次回の新曲にいっせいに取り組む時なので新しい人が入りやすい。演奏会が近づいているときは団員も指揮者も殺気だっているので、新団員には加わって欲しいのはやまやまだが、じつはちょっと後にして欲しいというのが正直な気持ちだろう。

そう考えると、入団はその団の定期公演の半年前くらいまでが望ましいのではないだろうか。いつ演奏会があるかは、各団のホームページを見たり、電話で照会すればすぐわかる。どこでも「見学自由」のはずだから、それらを確認してから見学に行くのがよいと思う。

二　水泳は相性が悪い

恥ずかしながら私は泳げない。いや、正確に言えば、息継ぎができない。このため、水に浮いて息が続く限り、つまり十五メートルくらいは泳げるが、それ以上はダメだ。毎週千メートルは泳ぐとか、泳ぎはストレス解消にはもってこいだと人から聞くとうらやましい。妻は全くの金づちだったが、ある時から練習を始めもう十年は経つだろうか、今では相当の長さを泳ぎ、それを楽しんでいる。私も呼吸ができるようになりたい、そうすれば老後もぐっと楽しみのレパートリーが増えるはずだ。そう思ってこの道の門をたたくことにした。

さて、スポーツクラブに通う以上はまずどこかを選ばなければならない。入会金がゴルフクラブ並みの豪華なところは困る。分相応のところはないかと思って探していると、とある機会に赤坂のTBS本社の近くに「リーブ赤坂」というクラブを見つけた。

受付で「会員になりたいので案内して欲しい」というと、スタッフがついてきちんと施設を説明してくれた。このときは若い男性だった。プールは二十五メートルで四コース、高層ビルの二十三階にあるので昼間は富士山も良く見える。ジャグジー、サウナ、風呂もあり、設備面は申し分ない。続いてアスレチッククラブを案内された。よく見かける自転車こぎに始まりさまざまなマシーンがあり筋肉トレーニングには最適だろう。モデルコースを回ったが相当の運動量になった。

入会金は今入れば無料とのこと、会費は月一万円、ゴーグル（水中眼鏡）は度入りのものを四千円程度で売っていた。千円弱でタオル、水中パンツを借りれば、ふらりと何も持たずにでも行ける。たいへん都合が良く、さっそく入会した。

ところで私の目的である水泳の呼吸法を習得するためにはレッスンを受けることが必要だ。ここではクロール、平泳ぎ、背泳ぎ、腰痛体操などいろいろのレッスンがある。恥ずかしいが「クロール初級」に入り、週に二回通うことにした。行ってみると集まっているのはおばさんばかりで男性はいない。しかし学ぶことを恥ずかしがっているわけにはいかない。おばさん方に奇異な目で見られながらも、臆することなく通った。講師は若い男女で、いずれも体育大学を出ているように見えた。この人たちはさすがに仕事だから、不思議な中年男でも親切に接してくれた。

泳ぎが得意な人にとってはたわいもないことでも、できない人間にはたいへんだ。水泳の練習はまず水に慣れるため水中に身体を沈めることから始まった。そのあと、両手を思い切って伸ばしながらプールの端から足を蹴り、進めるところまで進む。次に両手を伸ばして足を打つバタ足、そしていよいよ両手をかきながらバタ足を打つなど、順次、レベルは上がっていく。レッスンの人数は七、八人はいたので、はじめにスタートした人のあとに続いて次々に泳いでいく。こうして使用中のコースはレッスンを受けている人間がまるい、長い輪を描くように全面を使用することになる。

最初のころはそれなりに進歩が感じられ楽しかった。バタ足の打ち方や腕のかきかたもきちんと習ってやってみるとそれまでに比べ力強い。息は継がなくてもプールの中ごろまでは十分届くようになった。プール内のジャグジーも快適だし、練習後、サウナに入り大きな湯船につかり洗髪をすると久しぶりに銭湯に行ったような気持ちになる。本格的な人が泳ぐコースには赤坂という立地柄、外国人も多くスイスイときれいに泳いでいる。あんなふうに泳げるとよいなという思いが強くなる。外資系企業の社員らしき人たちにもよく出会った。

さて、手足の使い方がいちおうのレベルに達すると、いよいよ呼吸法になる。身体をねじって、自分で吸いやすい形を作る。ずっと吐いていき、腹を空っぽにして口を水面上に出したところで一気に吸い込む。……しかし、できる人には何でもないことなのだろうが、どうもタイミングが合わない。相変わらず水を飲み込んだりする。二、三ヶ月通ったがあまりめだった進歩がなくなってきた。やはりこの世界はむずかしいと感じる。十五年前、左肩の関節を手術したため、左手が正確にまっすぐには伸びないことが影響しているようにも思える。

　練習を始めると実績のある妻が張り切っていろいろ口出しを始めた。水中で立って身体を沈めたあと、伸び上がって顔を水面に出し息を吸い、水に沈んで吐く練習が役にたつという。週末、自宅近くに新しくできた区立の温水プールに誘われた。これには驚いた。広さは通っているプールより広く、新しくきれいだし、何かと設備も整っている。利用料は二時間、四百円。レッスンでいちおうの説明は受けているし、あとは自分の努力次第だと思うとクラブに通う情熱が少しずつ冷めて行った。しかし、むずかしいテーマに取り組むにはやはり強制力がないとむずかしい。残念ながら結局区立のプールにも行かなくなってしまった。端的にいえば挫折第一号だ。

　プールについてはその後も苦い思い出がある。半年後に何とかもう一度挑戦しようと思い、今度は自宅近くのスクールに入った。要領はおおむね前回と同じ、費用も同様だった。

ただ西武新宿線の下井草駅前にあるその場所は前回の所にくらべ全体に狭く、プールも三コースだけだった。地元の年配の人が多く、ラウンジでビールを飲みながら話している人が目に付き、これはちょっとした社交場なのかと思った。距離は短いがゴルフレンジも三ヶ所あり、いくら打っても無料というのでアプローチの練習を集中的にやっていたら腰が痛くなった。無料《ただ》より怖いものはない。

しかし、ここでは水泳のレッスンはあまりなく、あっても昼間がほとんどで時間的に合うものが少なかった。水中を歩くだけでも理想的な運動と聞くが、よほど辛抱強くないとできない。結局ここもあまり長い間は続かなかった。そもそも、自宅の近くに帰って来ているのにそれから運動を始めるというのは苦痛だ。仕事の疲れもあり、早く家に帰り風呂に入りくつろぎたいという気持ちがどうしても強くなる。しかし、ここでギブアップするのはどうしても我慢ができない。それほど辛抱できないのかと思うと自分でも不愉快になる。「水中で息継ぎをする」ことができるように、どこかでもう一度挑戦したいと思っている。

私の場合は相性の悪い水泳だが、妻を見ていると嬉々として毎週熱心に通っている。客観的にみればこれほど健康によいスポーツはないだろう。毎月一定の距離を泳ぐことを目標にしている人はかなりいる。今は区営の施設など公共の場所が非常に充実しているので泳ぐ環境にも恵まれている。私のような変わり者を除けば、定年後の過ごし方としてはなかなか良いものだろう。

そう言えば、ある人は会社に出勤する必要がなくなったあと、いつも自宅にいるのは居心地が悪く、かわりに毎日、スポーツクラブに出向くことにしたという。ちょっとだけ泳ぎ、サウナに入り、そのあとは新聞やテレビをみていると、結構それなりの時間になるらしい。クラブのサウナで横になりながら馬券を買うのを趣味にしている人もいる。いろいろな過ごし方があるものだ。

三　囲碁の世界を広げる

「定年になったら時間が充分ある」ということから囲碁の世界を思い出した。学生時代に素人のお遊びとしてやったことがある。おもしろいとは思ったが、私の性格は長い時間をかけてじっくりと先を読むというタイプではない。定石を体系だって勉強することもなく、感覚ですぐ打ってしまうのでいつまでたっても上達しなかった。会社勤めのかたわら、暇な日曜日などに思い立ってちょっと本を読んだことも何回かあったが、結局その程度だった。そういう過去があったので、今度はきちんと学んでみようと思った。

休日、久しぶりに銀座に出かけたら囲碁用品を売っている老舗の前を通った。それなりの碁石があった方がこれからは何かと良いだろうと思い、店に入った。そこの主人は「囲碁は楽しいですよ」とさかんに説明する。どうやら本当に初めての人間に見えたらしい。囲碁のおもしろさはわかって買いに入ったのです、ということを簡単に伝える。主人は最近、『ヒカルの碁』(テレビ番組)によるブームが来たため、初めての人が多いのですと説明していた。この番組は子供向けだったが、大人も含めて今やたいへんなブームらしい。その日は、碁石と碁盤を買った。白ははまぐりの貝殻でできた本物をぜひ持つべきですという勧めに従った。碁盤は迷ったが板状の卓上基盤にした。足のついた本格的な基盤を買っても狭い家で邪魔になる可能性があると予感したからだ。

囲碁を打つ場合、知り合いと打つ以外には、碁会所に行くのが普通だろう。しかし、これがじつは何となく気が重い。上手な人に軽くあしらわれるのは嫌だし、その道にどっぷり浸っているような常連が多い場所も気後れする。最寄駅の駅前にある碁会所をのぞいたときはそんな感じがして早々に退散した。麻雀で言えば一人で見知らぬ人と打つようであまり気持ちはよくない。

そんな折、日本棋院の八重洲囲碁センターを知った。ここを訪ねると大きな会場がありたくさんの人たちが対局している。レベルに合わせ対局する手合いや、プロの指導碁を受けるものなどいろいろなコースがある。関連する図書、ビデオも多数あるし、一泊二日などで先生と一緒に伊豆や軽井沢に出かける合宿もあるという。個人別の棋力を算定してくれて、大体同じレベルの人と対戦することになるから安心感を持てる。

私の力は三級前後とされたので「一級を目指す」コースに入った。回数券四枚で八千円、毎週火曜日六時から九時まで、最初の一時間は先生の講義、そのあとは生徒同士の対戦で五回連続して勝つと一級上にあがる。この間、先生に指導碁を受けたいときは申し込めば良い。その費用は三回分のチケットが五千円だった。日本棋院の会員になると、毎月『囲碁未来』という雑誌を送ってくるほか、書籍や会合の費用が割引になる。一年分、一万円を支払った。雑誌はなかなか良いもので、毎月「棋力診断テスト」がある。囲碁の世界の通例で、布石、中盤、手筋、寄せ、生き死など十問で構成されていて、葉書で回答を送ると正誤判定と診断結果が帰ってくる。ここでも三級と認定された。

先生の講義も布石、手筋、寄せ、など毎回ポイントを絞って、わかりやすく説明してくれる。こういう会に顔を出すとやはり少しでも上達したくなり、日本棋院が出している書物を買い込み勉強するようになる。「追い落とし」「石の下」などのいわば常識から始まり、少しでも地を増やす寄せや微妙な生き死など良い勉強になった。また個別指導では先生は二人の生徒を相手にし、各人の癖を正しながら解説してくれる。とかくすぐ地に走りがちな私などは、もっと大きく構えること、欲張らないこと、自分の石に弱いところを作らないことなどを教えられた。

それが終わって参加者同士の対戦となる。男女比率は七対三くらいで女性も多かった。人間誰しも負けるより勝ちたいから熱のこもった戦いになる。しかし、そこは素人のすること、まして級位者クラスなので開始早々に手違いがあって早々と降参する人もいるし、最後にどんでん返しを食らうこともある。相手の力がよくわからないので最初はお互いに模様を見るようなところがあるが、次第にその人の性格がわかってくる。人によっては思い切って強気で攻め込む人、慎重すぎる人などさまざまだ。こちらもその日の気分によって、強気で戦いに出るか、手堅く固めていくかという違いが出ることになる。素人の勝負は四、五十分もあれば決着がつくので、一時間あれば二、三局は打てる。六時から行って九時まで過ごせばそれなりにおもしろい世界だ。

ただ、しばらくしてなにごとも裏があることがわかった。本当は有段者なのに、一級と偽って低いクラスに入り勝ち続け、下手をいじめて楽しんでいる人がいる。主催者側は「有段者は級位者クラスには入らないで下さい」と掲示しているが、そこは商売なのでそれほど厳密なチェックはない。また、自分の棋力を申告するときにたいていの人は実力より低めに言うらしい。その方が対局で勝つ可能性が高く、せっかくお金を出して打ちにくるのだから勝って意気揚々と帰りたいという心境からのようだ。

新しい体験はそれなりにおもしろかったが、生来の研究嫌い、というかじっくりと考えて打つことがどうしても性格に合わない。感覚、フィーリングで打つのでもう一つ進歩しないことは昔も今も変わらない。ある知人は「囲碁はセンス、あれだけは理屈ではない」などともいう。いちおうの経験を積むと、まあこの世界はいつでも戻って来ることができる、下見としては充分その役割を果たしたという気分になり次第に足が遠くなっていった。

パソコン、インターネットで便利に

それにしても、週末など時間がたっぷりありとくに用事のないときには囲碁を楽しむのはひとつの選択肢だ。これを再発見したことは有意義だった。通常のパソコンには一般に「囲碁一番」などのソフトが組み込まれているから、それを相手に対局するのも興味深い。

対戦ソフトを自分のレベルに合わせて戦うと勝ったり負けたりで、何度かやっていると時間はあっという間に過ぎる。

知人から最近のソフトにはもっといろいろなものがあると聞いた。そこで秋葉原に出かけてみると、あるわ、あるわ、いろいろレベル別にソフトを売っている。「最強の囲碁」「初段を目指す人に」などと表示されているのでわかりやすい。私は「対局ソフト、囲碁」「囲碁の先生」「青葉かおりの囲碁教室」などのソフトを買い、既述の「囲碁一番」と合わせ、その後、暇があると活用している。あるものには「次の一手はどれが正解でしょう」として、A、B、Cなど三ヶ所から選ぶものもある。こういうソフトは非常にためになる。一番欲しいのはある手を打ったとき、そこではなくてこちらが良い、という指導付きのソフトがあればよいのにと思うが、私の知る限りでは残念ながらそういうものはない。

コンピューターを相手に対局する場合、反対側に他人がいるわけではないので気軽にできる。難点はどうしてもやりすぎてしまうことだ。あっという間に三、四時間はすぐ経つ。集中しているから終わったあとの疲労感はすごい。その点では人間相手の方が健全だろう。

パソコンを使った囲碁の世界は非常に発達している。今は遠くはなれた人、世界中の人とインターネットを通して対戦することができるし、またそれを観戦することもできる。日本棋院には「情報会員」という制度がある（月一七五〇円）。これに入ると以上のことは簡単だ。知り合い同士が連絡をとって対戦もできるし、ネット上に自分の力はこれくらい、誰か相手はいませんかとインプットしておくと、次々に申し込みがくる。あるとき、アメリカから対戦の申し込みを受けたのには驚いた。時差があるからあちらでは真夜中のはずだ。時間も忘れて熱心にやっているのだろう。また情報会員になると月間二〇試合までプロの対戦の棋譜をダウンロードできる。プロの棋譜再現を画面上で見ながら、自分だったら次はどこに打つだろうと考えていくのは興味深い。思いもよらない打ち方を目の前にすると、自分はいかにもマンネリでいつも同じように打っているのかということを痛感する。

お金を出さなくてもインターネットで最新の試合、たとえば本因坊戦などを見ることができる。これはたとえば新聞社系の「オンネット」などだ。依田名人と趙治勲の対戦など、新聞では朝、晩の二回だけの譜面紹介だが、インターネットでは同時進行で一手ずつがわかる。かつての棋譜の展開も一手ずつたどってくれるから勉強になる。

ＮＨＫ教育テレビ、日曜昼の一二時からの二時間は一年を通して貴重な時間だ。始めの二〇分はワンポイントレッスンがあり、そのあとＮＨＫ杯のトーナメント中継となる。二〇分の解説は非常に中身の濃いものだと思う。また対戦は持ち時間一人一〇分というテレビ向きの早碁で、いろいろなプロの戦う様子とその同時解説を見ることができて楽しく上達できるように感じる。解説者にアメリカ人が出てくるのをみると、囲碁は国際化したゲームだと実感する。今はケーブルテレビや多チャンネル放送の発達で囲碁専門番組も楽しめる。そういう番組を普段から見ていたらずいぶん上達するのではないだろうか。

先遣隊員のつぶやき

『ヒカルの碁』によって今や囲碁は幅広い層に人気が広がっているという。たしかに囲碁には奥深い魅力がある。攻め、守り、最優先の場所は？　真の狙いを相手に悟らせないでいつのまにかその方向に進んだ時の快感など、いろいろな面白みがある。私などまだ一級にもなれない人間がコメントするのもおこがましいが、これまであまり囲碁に縁の無かった人に勧めるには私のレベルがむしろ適しているかもしれない。

しかも、パソコンやインターネットの発達で今は離れた人とでも対戦できるなど、いろいろな使い方がある。定年後の過ごし方として、レパートリーのひとつに入れておいて損はない趣味だろう。

四　スイングの改造を

ゴルフの話はゴルフをしない人には興味がないと思うので軽くふれるに留める。私の場合、ゴルフ歴は古いが、仕事がらみのケースが多く、昼食時にはビールを飲む親睦第一のゴルフを続けてきた。内容はといえば、なにぶんボールは飛ばず右に弱々しく曲がる下手の典型で、「同期三下手」と揶揄されてきた。

これにはちょっとした身体上の理由もあった。子供の頃から左肩に習慣性の脱臼ぐせがあり、三〇歳までに八回脱臼した。一度肩がはずれると元に戻すためには、全身脂汗だらけになってもがき苦しみ、整形外科に行くことになる。それがいやで左肩に負担がかかる大きなスイングを避けてパンチショットにとどめていた。しかし、結局四〇歳のとき会社のコンペで良い当りを打った瞬間、また脱臼してしまい、このときに本格的な形成手術を受けた。そんなこともあり、自己流もいいところ、というのが私のゴルフだった。ときどき練習場の所属プロに見てもらったことはあったが、左肩の話をすると、哀れむ、あるいは軽蔑するような目つきに変わり、それ以上本気で相手にしてもらえなかった。

さて、そういう状況の中、自由になる時間がそれなりにできたのである。今度こそきちんと習ってみたい、もう遅いかも知れないが基本から学んでみたいという気持ちが強くなった。その頃から「やろうか、やらないか迷ったらやる。なぜなら、やらなければ今までと何も変わらないのだから……」という方針をなにごとにもとることにしていた。ちょうどその頃『定年後はゴルフでシングルの腕前をめざそう』(佐藤拓宋著、亜紀書房)という本を読み、刺激されたこともある。

ところで、レッスンプロに習うにしてもどこに行けばよいのだろう。これまで、どこでもあまり気持ちの良い思い出はない。手術をしたからもう脱臼の心配はないとはいえ、身体の硬さ、運動神経のなさを思うと気が重い。しかし、座していてはこれまでのゴルフを続けるだけだ。そんな時、通勤の途中、東西線の早稲田駅で「日本ゴルフスクール」の案内を見た。そこにはかつてテレビでよく見かけた小松原三夫プロが教えている写真が出ている。どうせ習うなら一流の人が良い。私はさっそくその場所を訪ねた。

ゴルフレッスン場というからネットを張った建物があるのかと思ったがそんなビルはない。住所は地下鉄、早稲田駅からすぐ近くのはずなのに。仕方なく電話を入れて場所を聞いたところ、めざす場所は目の前の小さなビルだった。こんなところで大丈夫なのかと思いながらその六階と聞きエレベーターのボタンを押した。

練習場はビルのフロアの一角にあった。ボールを打つ場所と先方のネットまではほんの四、五メートルきり離れていないが、スイングを映すビデオがあり、もと野球選手だったという辻幸穂プロが指導していた。小松原氏はもう年齢で日常は辻プロがやっているらしい。さて、この日から私にとっては非常に意味のあるレッスンが始まった。

経験者はよくご存知だろうが、ゴルフの癖、直すべき点は千差万別、人によりすべて違う。また当人が高校生や大学生で理想に近い教えを吸収できる場合は教える方も簡単だろうが、すでに六〇歳近く、身体は硬く中性脂肪も多い人間には言われてもできること、できないことがある。その個人差を見ながら、まずどこから直していくのかを指導するのがレッスンプロの腕の見せ所だと思う。相手が誰でも、あるべき姿を同じように説いているのはレベルの低い教え方だ。ゴルフに関する書物には一般論は充分記されているが、それを読んで本当に身に付いたという話はあまり聞かない。

この点、辻プロは個人の状況に合わせ、現実的でわかりやすいレッスンをする。結果的には効果も充分出た。プロは、今の問題は何か、どうなりたいのか、と聞く。自分なりに問題点を伝え、できればコンスタントに八〇台でラウンドしたいと話した。そうすると、それは簡単なことだ、ただし自分の言うことを素直に聞き、忠実に実践するようにと言い、指導が始まった。

先生は生徒一人にマン・ツー・マンのレッスンをする。そして原則、予約制だ。ところで、その費用は安くはない。一〇枚のチケットが二万七八〇〇円。レッスンは一五分単位でそれに一枚のチケットが必要、つまり、一五分で二七八〇円かかることになる。もっとも次の客がいなければ多少の時間超過サービスはあるが。高いか、安いかはどれだけ実益を得られるかによるが、一般的に言えば非常に高い。その面ではとまどうところがあるが、何とか進歩したいので仕方がない。むしろ、本番のコース回数を削ってでも基本から学びたくなった。

短い時間を有効に使うためにはあらかじめポイントを決めて受講することが効果的だと思う。どうしてもこすり玉ばかり出るときとか、バンカーから脱出できなかったとき、アプローチがトップしたとき、などそのつど質問したいことを決めて行くと壷をおさえてどこが悪いかを指摘してくれる。それには一五分あれば充分で、むしろ聞いたことをメモし、あとで家の周りや近くの練習場で復習することが大切だ。興味深かったのは、練習が二メートル先のカップにサンドウエッジでアプローチすることから始まったことだ。これが全ての基本だという。また、最大の問題だったスライスを直しドロー系の球筋に変えるために、直すべきことは徹底して教えられた。

それ以上のことは技術的なことでもありここでは省く。率直なところ、レッスンプロが指導するように身体は動いてくれない。先方は真剣だから言葉使いも厳しくなり、「何度同じことを言わせるのか」「やる気はあるのか」などと罵声も飛ぶ。言われたようにしているつもりでもプロから見たらぜんぜん違うのだろう。

……ということで、これは相当に厳しい修行だった。お金を払いながら毎回厳しいことを言われに、なぜ来ているのだろうと思うこともあった。しかし、餅は餅屋である。しばらくするとその効果はたしかに現れてきた。やっぱり本来あるべき姿をきちんと繰り返し教えてもらって練習することは、単に練習回数を重ねるだけとは大きな違いがある。ゴルフをやる人で、もし本当に上達したいのなら、プロの指導を受けることが早道だと確信した。

もちろんゴルフをする目的は人によって異なる。仲の良い仲間とわいわいやりたい、楽しければそれでよいというのも立派な目的で、そういう人は無理に技術指導など受ける必要はない。ただ、多くのゴルファーがうまくなりたい一心で熱心に練習場に通いながら、なかなか上達できないことも事実だと思うと、一時の恥ずかしさを捨てて専門家の指導を仰ぐことの意味は充分ある。

スライス癖が直らず下手の典型だった私のゴルフも、レッスンの効果かハンディキャップは一六まで減り、所属クラブの月例会で優勝するなど飛躍的な進歩を遂げた。技術面もさることながら、メンタル面のコントロール、コースマネジメントなどたいへん効果があった。とはいえ、今日は良かった、今度こそ開眼したと喜んでいても次回に行くとまたはじめからやり直し、というのが素人のゴルフだ。今でも迷いが出ると診断を受けに行くことになる。さらにゴルフもスポーツだから下半身などの基礎体力がものをいい、そのためには日頃からウオーキングに精を出すことの大切さを痛感している。土台がしっかりしていない状態では打法がどうのこうのと言っても始まらないからだ（辻幸穂プロの著書『ゴルフはやさしく覚える』［廣済堂出版］はわかりやすく先生の考え、指導法をまとめてある）。

先遣隊員のつぶやき

身の回りにはゴルフはやるが思うようにいかないと嘆く人は多い。健康のためになればよい、友人と過ごすのが目的、という人には余計なお世話かもしれないが、もしスコアを良くしたいのならやはり本職に習うのが早道ではないだろうか。それは時として、「この間言ったことをもう忘れたのですか」とか「とにかく言う通りにしなさい」など厳しいことも言われるが、目的のためには信じてついていくにかぎる。

何か新たな展開を望むときは、ちょっとした勇気がいる。それは少し恥ずかしく、あるいは面倒なことかも知れない。しかし、やらなければ現状は何も変わらない。「何かやろうか、やるまいか、迷った時はやる」、これは何となく気に入ったフレーズになって来た。

五　パソコンを活用したい

統計的には、現在七〇代の人たちがこれまでの日本で一番恵まれていると言われる。高度成長を満喫し、年金も掛け金の何倍もの金額を生涯で受け取ることができ、バブル以降世の中が難しくなったころには既に責任ある立場から離れ、悠々自適の生活をエンジョイしているから、というのがその論拠という。これに対し、「しかし、その世代はパソコンの面白さを知らないのでは？」という声があがった。個人差はあるだろうが、この意見は相当説得力がある。これまでで一番恵まれた世代というのは現在六〇代後半でパソコンの楽しさを知っている人、と訂正した方が良いかもしれない。

今でこそ私もパソコンなくしては毎日の生活が想像できない状態にあるが、第二の職場に来た頃の事情はまったく違っていた。当時、ＩＴ革命が叫ばれ多くの会社が一人に一台ずつパソコンを与え始めていたが、その活用は社内メール、ワード、エクセル、インターネット程度に限られていたのではないだろうか。いや、その機能を使いこなす人はまだ少数で、ほとんどの人は必要なことをメールで送り、懇親会の案内をパソコンで作る程度だったかもしれない。私もそんな一人でパソコンの提供できる能力からすればごく一部の機能を使っていただけだった。

しかしそのころ、同世代の仲間たちからパソコンが自宅にあるといかに便利か、楽しいかという話を聞くようになった。私も自宅にパソコンを買うべきかどうか迷うことになる。仕事上必要なことは会社のパソコンで間に合うし、飲み会の案内状作りくらいは私用でも大目にみてくれる。その時点では正直なところ、特に自宅にパソコンがないと困るわけではなかった。詳しそうな友人にそんな話をしてみた。すると「知らない人間への説明は難しい」という表情で、「とりあえず手許におき、触っているうちに世界が広がるものだ」「水泳を覚えるまで水に入らない、と言う話に似ている」などという。働き盛りの高級官僚が癌にかかり壮絶な死をとげる手記が出版され（関正和『天空の川』、草思社）、その中で最新のパソコンを買い人生最後の喜びを経験したと記されていた。そんな話に刺激も受けて、自分ではせいぜいゴルフのスコア記録簿くらいしか用途を思いあたらなかったが、一念発起して購入することにした。

パソコンにはデスクトップ型とノート型があり、後者はやや割高だが移動して使える便利さがあるのでそれにした。後日、操作が思うようにできず、昼間だけ受け付けるコールセンターに照会する際、どうしてもパソコンを会社に持参する必要が生じたこともあり、結果的にはノート型を買って良かった。

さて、特に使用したい目的はなかったが購入すれば確かに次第に使うことになる。はじめはメールのやりとりに使い、メル友が増えていった。その気になってみると、名刺や年賀状にメールアドレスを書いている人は多い。また、「今後の連絡にメールアドレスを教えて下さい」と言うとたいていの人は快く教えてくれる。電話番号を聞くのと同じ感覚だ。そして、メールは電話以上にコミュニケーションしやすい。電話だったら今ごろかけて迷惑ではないだろうかとかいろいろＴＰＯを考えるし、そもそも私には電話で長々と話をする習慣はない。これに対して、メールはある面ではこちらから一方的に発信するが、相手も自分の都合が良いときに見ればよいし、返信したくなければしなければよい。話を交わす時にくらべ何となく気兼ねなく書けるし、周辺の人に聞かれたくない内容もメールなら可能という面がある。

ところが、パソコンを持ちメールに活用してもやはり文章を書き、表計算ソフトが使えないと片手落ちのようで気分が悪い。文書作りのソフトはいろいろあるが、マイクロソフトのワードが一般的だろうか。今では誰もが知っているだろうが、実質始めたばかりだった当時の私は、それを使うことも簡単ではなかった。文字の入力の仕方、削除、追加、入れ替えなど、文章を書くために必要な最低限のことから入門書を見ながら練習した。小文字や濁音の打ち方などつまらないことにてこずったが、少しずつ慣れていった。インターネットを使っていろいろな情報を集めるにせよ、文字をキーボードから入力できなくては始まらないから、これだけは学ばなければならない。

ただ、表計算ソフトのエクセルは独学では思うように進まなかった。あまりイロハから質問しては身近な人も迷惑だろうと思い、仕方がないのでどこかで習おうと決めた。メーカーに聞くと自ら主催する教室があるという。それは「富士通マイゼミナール」と称し、首都圏では秋葉原、新宿、八王子、横浜、さいたま、千葉などいろいろなところにあった。入門クラスから資格取得クラスまでいろいろなコースが準備されていた。私は秋葉原校、新宿校に暇を見つけて通い、エクセル（入門、中級）を受講した。教室には一〇人前後の受講生がいて、同輩とみられる中年男性、あるいは家庭の奥さんらしき方、会社から研修として派遣されているＯＬなどいろいろの人がいた。一日、受講料は約一万円、これにはテキスト代もついている。このテキストはわかり易く、しかも練習用のＣＤ‐ＲＯＭもついていた。講師は若い女性でさまざまな受講生のレベルを勘案しながら手際よく説明していく。

その後、その気で探すと区役所など公共の施設で「初めてのパソコン」などの講習会が開かれていることを知った。ＩＴ促進の予算が増加しているためだろう。しかしこれは平日の昼間だから退職者や家庭の奥さんが対象となり勤務中の者が参加するわけにはいかない。ただ、こまめに区報などに目を通しているといろいろな機会があることがわかり、将来は何かと使えると知った。

とはいえ、パソコンの操作は一度の講義で全てわかるということはありえない。数時間の講義で説明できることには限りがある。このためはじめの頃は、使うたびに何かわからないところが出てくるものだ。そしてその都度、身近にいる詳しい人、通常は若い人に教えてもらい、それをノートにきちんと記しておいた。一度聞いたことがすべて記憶できるはずはなく、必ずまたわからなくなるので、克明にノートに記録しておくと後日非常に役にたつことを経験で学んだからだ。

こうした経験からパソコンを使いこなすために一番有効なのは、身近にいる若い人などに教えてもらうことだと思う。質問の内容はそれほど専門的なことでなく、ごくつまらないことが多い。しかし機械相手だから、行き詰まったら誰かに聞くより仕方ない。慣れた人もかつては同じ道を歩んでいるから、通常は親切に、気軽に教えてくれる。そういう場面で聞く情報は一番効果がある。自分もそうだが、今職場にいる方は貴重な環境にいることを再認識して、今のうちに学ぶべきこと、入手すべき情報を身近な若手、あるいは詳しい人から身に付けるべきだと思う。ひとたび完全に退職すると、こういうことが一番困るのではないだろうか。

苦労した経験がレベルアップをもたらす?

さて、数年前と違い現在はパソコンの利用度が飛躍的に拡大したので、いまさらインターネットのメリットを改めて記すのも気がひける。ただ、初めてその世界を知った時は本当に感激したし、今では最大の情報源であり知恵袋だ。

誰もがやっていることだろうが、知りたいことをYAHOO、GOOGLEなどの検索エンジンに打ち込むとあっという間に関係する資料を紹介してくれる。現在はロボット検索が主流だそうで、その力は絶大だ。そして、「これは使える」「保存しておきたい」というウエブサイトのホームページを「お気に入り」に登録しておけば、二度目からは簡単にアクセスできる。フォルダーと呼ばれる分類項目を作り、そこに整理して保存すれば、机上のパソコンは膨大な情報を一定の区分に蓄積した宝庫と化す。しかも、このネット網は海外にまで伸びているから、英文の資料にもすぐアクセスできる。これを図書館でひとつずつ調べながら行うことと比較したら、便利さは格段に違う。「探す時間」を短縮してくれたということは大変な省力化をもたらし、まさにＩＴ革命と呼ぶに値する。

身近な世界でも、かつてはよく見かけた百科全書や時刻表、地図、その他「書物」を買い込む必要が大幅に減った。これは生活革命だ。地図は全国どこでもたちまちにしてわかる。大きく何キロの範囲という指定から三〇〇メートル四方という狭いエリアまで特定できるから、待ち合わせの場所や新しく訪ねていくビルなどを探すのにはもってこいだ。天候も那須高原の週末はどうかなど予報がすぐわかる。どこの駅に何時までに着きたいと打ち込めば、電車の接続状況が示される。便利なものだ。

更に、一般ニュースのページを開いておけば政治、経済、社会、国際、スポーツなどの分野で刻々とニュースが入る。新聞の記事も部分的には紙面より早く読めるし、株価情報は全体の動きはもとより、個別銘柄も予め登録しておけば詳しく表示される。こういう情報はこれまではロイターなどの機関から有料で購入していたはずだが、今や誰もが簡単にアクセスできる。不動産情報も至れり尽くせりだ。その他、ネットによる地方特産品の購入、掲示板やチャットでの見知らぬ人との意見交換、お喋りなど、インターネットの世界を記せばきりがないが、おそらく多くの人にとり当たり前のことだろうからこれ以上は省略する（ただし、ネット上の匿名による情報には、無責任、残虐さ、攻撃本能など人間の品性の悪い面が出がちで、社会的に問題化しているのではないだろうか)。

パソコンを扱っていて、技能のレベルアップをしたと思うのは、何かに困り非常に苦労したときだ。あるとき、後述の合唱団でホームページの担当となった。専門ソフトを購入してきて立ち上げようとしたが、なかなかうまくいかない。作業の途中でパソコンが固まってしまって動かなくなる。あせっていろいろなキーを押して何が悪いのかを探るがどうしてもうまくいかない。しかし翌日電源を入れてみると何ということはなく動いている。そのうちわかったことは、記憶容量が限度一杯使われ反応しなくなったらしい。こんなことはそれまで経験してなかったので、パソコン本体が壊れたのかとあわてたものだ。そして、量販店で増設用のメモリーを買ってきて、裏面のパネルを外しセットすればまた通常通りに動き出すことなどを知った。このほか、ホームページへの動画や音楽の取り込みなど、ささいな表記の違いがひとつあっても動かない。何かと苦労したが、それを克服するとちょっと腕が上達したような気持ちになった。

パソコンの世界では、コールセンターを上手に使うことが不可欠だと思う。既述のようにいろいろ準備しても、とにかくパソコンを使っていると思わぬところでアクシデントが起こる。全く反応しなくなったり、アイコン（表示マーク）が消えてしまったり、というつまらないことにも遭遇する。そしてどういうわけか、パソコンに関するマニュアルというのは本当にわかりにくい。書いている人があまりに若く、日本語がおかしいのかと思うくらいだ。結局、電話相談の窓口、コールセンターに照会することになるが、ここで登場する人たちも早口で専門用語を当たり前のようにまくしたてる。これではどうにもならないので、こちらは、「中高年の者にもわかるように」「ゆっくりと」とお願いをしながら聞くことになる。こうした応対にも大分なれてきた。そして、経験では困ったことがどんどん起きた方が結局は早くパソコンを習得することになるのではないだろうか。

「パソコン」を趣味のひとつとして記すのはややためらいがある。「趣味」と言うにはほど遠いレベルで、必要に迫られていろいろ試行したのが実情だからである。ただ、インターネットの便利さを知ったことで未知の世界が広がったし、エッセイや原稿を書くことが非常に簡単になり、パソコンのない生活はもう考えられない。その意味では、やっぱりひとつの趣味になったのだろうか。関心のある事項はメールマガジンを希望しておけば頻繁に情報が提供されるし、知らない世界も簡単に探訪できる。情報の収集にはもってこいで、有能な秘書をかかえているようなものだ。

この数年間で、パソコンの世界はますます進んでいる。今ではテレビやDVDを見て録画すること、オリジナルCDを作ることなどごく当然となった。無線LANが普及し社外で活用している人も多い。USBケーブル、PCカード、光ファイバーによる常時接続など、使い勝手がどんどんよくなっている。WEB2・0の世界も広がっている。技術進歩に追いついていくだけでも大変だが、使いこなせれば世界は確実に広がる。

先遣隊員のつぶやき

とにかくパソコンには限りない可能性がある。人間はパソコンなどなくても長い間生きてきたのだから、縁を持たなければいけないということはない。だが、パソコンの世界を知るとぐっと世の中が広がることも事実だろう。まだ現役世代の人は周辺の詳しい人に聞きたいことを積極的に質問することをお勧めする。あとになったら如何に貴重な時期であったかと感じるはずだ。

また、パソコンの良さを満喫するためには、ダイアルアップ接続ではなく、常時接続、それも高速の光ファイバー利用にした方がよい。使用料金を気にしながらインターネットを接続していては落ち着かないし、反応速度もすばやい方が中身の濃い使い方ができる。最近は競争激化のせいか、高速光ファイバーの利用料金は定額で安くなった。

第2章

一度はやってみたかったこと

一　きれいに弾ける日を夢見て

さて、とりあえず多少はなじみのある世界から始めた「趣味の世界」とのつきあいだったが、ある程度慣れてくるとせっかくだからこれまでの人生で一度はやってみたかったこと、種々の事情でできなかったことにトライしてみたくなった。これは新鮮な挑戦意欲をかきたてられる興味深いことだった。

生まれ育った家には残念ながらピアノはなかった。子供たちにはせめてピアノを習わせたいと思い、ピアノを買ってレッスンに通わせたが、続いたのは幼稚園の頃まででその後は止めてしまった。親の好みを子供に押し付けるのは悪いことで、本人にその気がないことを勧めても仕方がない。狭い家に使わないピアノが陣取っているのも目ざわりで、結局ただ同然で業者に引き取ってもらった。

それだけに、いよいよ自分に時間ができると、そこで思い出した。いつの日か楽器を習いたい、格好よく演奏したい、そう思っていたことを。何かを習いたい。しかし、一方ではもう六〇歳近い。指は動くのだろうか、ついて行けるのだろうかと不安感はぬぐえなかった。

クラリネットとの出会い

楽器の代表、ピアノはさすがに自信がなくはじめから候補にしなかった。あとで聞くとシニアから始める人が最近は多いらしいが、その時点では知らなかった。アルトサックスは格好がいい。サックスをサム・テイラーのように吹けたらさぞ気持ちが良いだろう、などと思いながら、どこに行けばよいのか調べてみた。どの駅の近くにも「ヤマハ音楽教室」はあるが、いつも子供たちで一杯だ。あの中でやるのはさすがにあまり気乗りがしない。

そこでインターネットで探してみると、ヤマハのホームページに私のような立場の人のために、「大人のレッスン」が紹介されていた。東京では新宿と池袋の二ヶ所にある。さっそく双方を訪ねてみた。どちらも似たようなもので、エレクトーン、トランペット、サキソホーン、フルート、クラリネット、ギター、マンドリン、その他ひと通りの楽器はみなある。「体験レッスン」というのがあり、予約しておくと一〇分から三〇分くらいていねいに教えてくれる。これで実際に楽器に触れ、適性を判断し、傍目で見ていたのと直接に触れた感じをくらべてくださいということだ。

エレクトーンの先生は愛くるしい好感の持てる人だったが、なにぶん楽器自体も大きく家の中で収まりが悪そうだ。アルトサックスは感じが良かった。管楽器は音を出すのに最初はどれも苦労するというが、サキソホーンは息を吹き込めば比較的簡単に音は出る。ただその音が非常に大きい。直感的にこれでは近所迷惑になり自宅で練習できないと思った。先方はそういう人のために練習室だけ三〇分五〇〇円で貸しますというが、練習のたびに新宿や池袋まで行くのもやっかいだ。それで残念ながらこれは見送った。

ただ、何となく管楽器にこだわりがあり、結局、「ヤマハ新宿クラッセ」のクラリネット・レッスンを選んだ。中学時代、少しだけ経験をしたことがあり、いちおうなじみがある。それに木管楽器が出す音はいかにも心安らぐものがあり癒される。音量もそこそこで自宅で練習しやすいと思った。こちらもベニー・グッドマンのように吹けたら最高だ。

さて、種目が決まると楽器を買うことになる。メーカーは楽器を売る目的でこういう場を持っているのだから力が入る。指導する先生は雇われ講師だからとくにこだわりはないが、客観的な意見を聞くにはふさわしい。楽器は結構高く、クラリネットは最低でも一〇万円前後、その上に一五、二〇、三〇、四〇万円、それ以上といろいろ続いた。ゴルフクラブの売り場と同じように「良いものを買うと一生懸命練習するようになります」と勧める。一〇万円未満のものは木製でなくプラスチック製のために、心地よい響きが味わえないのだそうだ。それはその通りだろうと思うが、事前に考えていたよりは高い値段だ。迷うが「仕方ない、趣味や道楽にはお金がかかるもの」と割り切った。

こうして、一五万円のものを買った。本体のほかに、竹製のリード（振動子）、楽器の手入れ用具などが必要だ。この楽器は水分に弱いので吹き終わったら特性の布でよく水気をふき取るようにといわれた。また、教則本、譜面台なども当然ながら用意することになる。クラリネットは五つに分解され、小型のケースで運ぶ。五つに分解すると大きさは小さくなるが、重さは結構ある。重いケースを抱えながら練習日はこれを持って出勤することになった。月謝は月に三回で一万円、入会金も一万円だった。

ここではクラリネットの吹奏方法そのものにはあまり深くは立ち入らない。ただ、参考のために要点だけ簡単に記したい。まず、この楽器は通常、初めての人が吹いてもなかなか音が出ない。この点ではサキソホーンの方が簡単だろう。クラリネットを吹くポイントはマウスピース（楽器の先端）を唇でしっかりくわえ、キーと呼ばれる管の穴（正確には「音孔《おんこう》」という）とレバーをきちんと押さえることにある。背筋を伸ばし肩の力を抜いた姿勢が前提となる。マウスピースをくわえた口は一定に保つようにし、息を吸い込むときもくわえた口を離さず唇の両脇から吸い込む。それは一瞬のことだが複式呼吸でしっかりと吸い込み、吹きだすときは腹の底から息をリードの一点に集中させて吹き込む感覚が必要だ。口周辺の筋肉を固め、要領を覚えるまで苦労する。

指の操作はそれ以上にむずかしい。おさえるべき場所を正確におさえないと、ピーとかキューというおかしな音が出る。半音を出すには左右の小指、薬指などを使い、管に複雑についているキーやレバーを操作する。高音は裏側のレジスターキーや指のヨコ腹を使い吹き分ける。リズムを正確にとりながら、指を動かし、かつくわえた口は絶対に甘く緩めてはいけない……、クラリネットを吹くことはなかなかむずかしい。

おかしな音が出ると周辺の家に騒音公害を与えているようで気になる。部屋のドアに毛布をかけて音がもれないようにしたり、真冬で寒かったが近くの公園に夜出かけて吹いたりした。しかし、「エデンの東」「悲しき雨音」「マリア・テレサ」など、あまり複雑な音階を使わない曲は割合早い段階で吹けるようになる。低音は比較的音を出しやすく、木管楽器特有の良い音色を出す。それなりに音が出ると、気持ちのよいものだ。

ところで、先生は某音大でクラリネットを専攻した四〇代前半の女性、現在は演奏活動のかたわら、指導にあたっている人だった。レッスンは本格的で、同じことを何度やってもできないと厳しい口調でもっと練習しなさいという。正統派でしっかり指導してくれることに好感を持った。横浜で室内楽団を主宰していて、その発表会を聴きに、みなとみらいホールに行ったこともある。十数人でいろいろなクラリネットを使い、バッハの「トッカータとフーガ・ニ短調」や「G線上のアリア」などを演奏した。クラリネットだけであれほど多彩で深みのある音楽を演奏できることは驚異だ。この楽器は何か神秘的な魅力がある。いつの日かあんな風に演奏できたらよいのに、という思いが強まる。

ちなみにこの「ヤマハの大人のレッスン」にはいろいろな人たちがきていたが、どちらかというと若い女性が多い。高校生のグループが三人で習っているケースもあった。個人レッスン、グループレッスンの両方があり、半々くらいに感じた。私のような年配の男性の姿もかなり見られたから、おそらく同じような動機で来ているのではないだろうか。

また、クラリネットでも高音になると相当周辺にひびくので、あるとき防音室にするのには幾らくらいかかるかを調べたことがある。ヤマハにはそういうセクションもあり、さっそくパンフレットを持って自宅に来てくれた。しかし、これが非常に高い。室内にもう一つアビテックスと呼ぶ防音室を入れる構造の場合、三畳くらいでも一五〇万円はする。また、もっと簡易なボックスタイプもあったが、人ひとりがやっと入れる程度の広さで五〇万から八〇万円くらいする。残る部屋のスペースは狭くなるし、よほどの決意がないととても頼めない。その点、近くの知人で老後にピアノを始めた人が、家を建て替えるとき地下室を作った。当初の段階から作る方が、途中で防音室をつくるよりは安く、かつ本格的にできるようだ。

クラリネットを始めてしばらくした頃、つまらないことで右手の小指関節を骨折し、とても続けられる状態ではなくなったので残念ながら中断した。その後、リハビリを続け、二年後また復活した。中・高音の出し方などこの楽器は決して簡単ではないが、続けていれば少しずつでも上達することは間違いない。何とか喰らいついていって先行きは何人かでアンサンブルでもできたらよいなと楽しみにしながら練習している。

継続は力なり――クラシック・ギター

気が多い性格の私は、クラリネットが軌道にのったあと、「できることはどんどんやろう」という気持ちになり、弦楽器もやることにした。選んだのはギター、それもフォーク系のギターではなく、きちんと曲を弾くクラシック・ギターの世界だ。

東京に出てきた頃、「新堀ギター音楽院」という看板がどの駅の駅前にもあったように記憶していた。あれはどうなったのだろうと思ってインターネットで検索すると、まだ堂々とあった。本部は藤沢にあるが、相変わらずターミナル駅を中心に教室がある。比較的近くのお茶の水教室に電話をかけてみると受け付けの人はその日の帰りに寄ってみたらどうですかという。さっそく出かけることにした。「禁じられた遊び」や「アルハンブラの想い出」のような曲をきれいに弾けるようになることを願いながら。

ＪＲ御茶ノ水駅から徒歩四、五分の教室には個室が四つあった。先生は三人いて、三〇分単位で生徒の指導にあたる。宮城県の高校を出てこの学院の教育を受けたという二〇代後半とおぼしき女性主任が、ギターの楽しさを熱っぽく話してくれる。こちらはよほどのことがない限りすでに習おうと決めているので力説されるまでもなく入会した。ここは週一回、月四回の個人レッスンで月謝と入会金はクラリネット同様一万円だった。教則本を購入し、とりあえずギターを貸してもらい練習を始めた。

まずは姿勢、構え方から始まる。左足を踏み台に乗せ、右手はギターを抱え込むようにする。この基本が非常に大切なポイントだという。そして、左手の指で弦を押える。指の爪は短く切り、できるだけ垂直に立てて弦に意識を集中するようにして押えよというがこれが簡単ではない。二ヶ月くらいやっていると指先の肉が固くなり、ようやくスタート台に着いたという感じだ。弦を弾く右手の爪の手入れはとくに大切で紙やすりで丁寧に磨く。弦の弾き方には弾いたあと隣りの弦で止めるアヤポンド奏法と、弾いたあとは空間に指を放つアルアイレ奏法がある。

入門編はアルペジオ（基本和音）、音階練習などから始まり、簡単な課題曲を弾いていく。三ヶ月くらいたつと初級編に移りだんだん本格的になる。その頃にはギターを弾くことは生活の一部となり、出勤前に一五分、帰宅後二〇分は練習するように努めた。夜も練習が終わるまで食事はおあずけだ。楽器を習う場合、とにかくその楽器に触れる時間を少しでも長くすることが非常に大切だと思う。楽器が愛しくなり、楽器に接し、その奏でる音にほれ込むような気持ちになれば自然に身についていくのではないだろうか。

はじめは先生のギターを借りていたが、一月くらいたったところでギター購入の話となった。私はギターといえば二、三万円も出せばそれなりのものが買えるだろうと思っていた。現にお茶の水の駅前にはたくさんの楽器店があり店頭にはそのくらいの値段でいろいろ並んでいるのだから。しかし、先生はまったく違うことをいう。「あの手のギターは大量生産品で、一年もすれば正確な音程が出なくなる。楽器上達のこつは良い楽器を買うことです。愛着をもって練習すればどんどん上手になります」と。まあ、たしかにそう言われればそうだろうと思う。

お茶の水校の地下はギター博物館になっていて数百万円もする高価なものもあったがそれはもちろん見物だけだ。ギターは大別してスペイン系とドイツ系のものがあることも知り、私にはスペイン系の柔らかい音色が合うと感じた。先生の勧めもあり意を決して一〇万円のギターを買った。クラリネット同様、楽器を習う以上、ある程度の出費は覚悟しないといけない。

この教室の教え方はなかなか上手だと思う。毎回、アルペジオ、音階練習に始まり、次第に次の技術に進む。左指だけで音程を変えるスラーや、同時に複数の弦を押さえるセーハなどいろいろある。技術練習と併行して、大人のための曲集を習い、「いい日旅立ち」「ウイーン森の町」「キエンセラ」などおなじみの曲も少しずつ弾いていく。辛抱強く練習しているうちに、ずいぶんむずかしい練習曲も弾けるようになった。努力を重ねているうちに、着実に技能は上達していると感じる。

ただ、そうは言っても決して順調に一本調子で上達するものではない。左手の指を広げ、押える弦のポイントを瞬間的に移動させるのも、筋肉が硬くなっていて若い人のようにはいかない。家ではスムーズにできても、先生の前になるとつい間違うことも多い。年齢のせいか、朝一番には集中できてわれながらうまくいくと思っていても、夜、レッスンに行く頃は疲れも出て視力も減退し同じような間違いが続き、先生も内心ため息をついていることがわかる。そういうときの先生の常套句は「まあ、長い目でやりましょう！」というものだった。どちらかというと、よし今日はカッコ良いところを見せよう、という色気を持って行ったときはだめだ。なにごとも自然体がよいらしい。習い始めて三年、いつのまにか初級、中級を終了し、現在は上級編の後半に入り、当初、むずかしく思えた「禁じられた遊び（曲名、愛のロマンス）」も弾けるようになった。まさに継続は力なり、だろう。

ときどき、模範演奏の発表会がありそこへの出席も勧められる。上手な人の演奏を見聞きすることはたいへん重要なことだという。たしかにそれは事実だ。音楽は単に音階を奏でるのではなく、芸術性をどう発揮するかが大切だから、強弱の表現をはじめいろいろ教えられることは多い。一人で静かに練習しているのにくらべれば、模範演奏は参考になる。

新堀グループがポーランドの音楽祭に招かれたその壮行会での演奏は興味深かったし、杉並公会堂で聞いたクリスマスキャロルにはじんときた。「ジングルベル」「聖夜」「あわてんぼうのサンタクロース」などのクリスマス曲は当然として、「ミュンヘンポルカ」「バレンシア」「チックタックポルカ」など多彩な曲が演奏された。この杉並公会堂は昭和三〇年代にできて以来、たくさんの若人を感激させた場所だが、老朽化したためその直後取り壊され建て替えられた。その最後の時期に聞くのにふさわしい懐かしい曲が多かった。

ギター教室にはクラリネット以上に年配の男性の姿を見かける。若い頃なじんだ人が磨きを入れにきているケースが多く、一人で手軽に演奏できることも歓迎されるのだろう。そして何より、繰り返しになるがあのギターの音色、それを自分が抱える楽器を通して振動として身体で感じられるのだから言わば自己陶酔の世界だ。まだ「きれいで繊細な響き」にはほど遠いが、これからもクラシック・ギターとは身近な友達でいつづけたい。

先遣隊員のつぶやき

楽器は楽しい。定年後、挑戦するには格好のものだろう。一人でいつでもできるし、指先を使うからおそらく呆け防止にもなるだろう。一度楽器を買えばその後はそれほど出費が必要なものでもない。自分で思ったよりも年齢だからといって指先が全然動かないわけではない。自分のペースに合わせてやればよいことだ。

最近、ピアノをはじめ、管楽器、弦楽器ともに音を消す装置のついた楽器が開発されているが、騒音は気になるものの、やはり楽器は音が出た方が自然な気がする。

二　健康なスポーツ、社交ダンス

かつて大学に入った頃、無料のダンス講習会というのがあった。二、三度行きブルースやマンボなどの基本は習ったが、ワルツやタンゴとなるとお手上げでその後はすっかりご無沙汰だった。教わる方も先輩の勧めで雰囲気を知りに出かけたようなものだから、それで当然だろう。その後世の中も変わり、七〇年代以降はゴーゴーが全盛でとにかく身体を動かしていればよいという時代になり、海外駐在時代のクリスマスパーティなどはそれでごまかしてきた。しかし、……、時間ができるというのはおもしろいものである。「そうだ、ダンスを習おうか！」と一念発起した。小説や映画の影響ではないが、優雅に踊る社交ダンスも悪くない。

しかし、「ダンス」というと女性が派手な服装で出現するような独特な雰囲気がある。

何か別の目的でやっているのではないか、というイメージもつきまとい、知人に「私はダンスを始めました」というのも恥ずかしい。他の趣味にくらべると、とりかかるにはやや抵抗があった。しかし、なにごとも先達がいるもので、退職後ダンスの道十五年を経て現在は教習所の師範代をしている知人がいる。この人は、社交ダンスは健全なスポーツで、やってみたら楽しさがよくわかりますという。なにごとも食わず嫌いは主義に反するので飛び込むことにした。

この知人によると、①最初が肝心、変な癖がつくと直らない、②男性は女性の四倍努力が必要、③初めはきちんとした所で習った方がよい、ということだった。男性がなぜ大変かというと、音楽が始まったらそれを聴きわけ踊りの種類を決める、スタートのタイミングを取る、どんなステップで進むか（アマルガメーションという）先の構想を考えながら踊る、全ての意思を言葉でなく身体で女性に伝えなければならない、などによるという。これに対し女性は男性のリードに任せていればよいから楽らしい。なかなかたいへんそうだ。

そこで、まず高田馬場のある教室で個人レッスンを受けた。「素人、高齢の方歓迎」と掲示してあるので飛び込んだが、フリーで訪れる人はそれほどいないらしく、「誰かに紹介されましたか？」などと聞かれた。そして、「どういう目的ですか？　どうなりたいのですか？」と尋ねられたので、「いちおうのことができて、将来、地域の趣味の会などで踊れたらよいと思って来ました」と言った。これが偽らざるところだった。最初は「その程度ならむずかしくないですよ」という感じだったが、ことはそんなに簡単ではなかった。

もともと猫背気味で姿勢が良くないから、日常の歩き方から直さなければならない。背筋を伸ばし胸を張って、……と。女性が安心して踊れるように、組み手はとくに大切だ。身体の芯をしっかり作り、広げた手は崩さず、首を動かさないで、……などという基本の基本も決して簡単ではない。三〇分で一レッスンだったが、その時間だけで汗びっしょりになった。ダンスはワルツ、タンゴなどのモダン系と、キューバンルンバ、チャチャチャなどラテン系の二つがある。それぞれの曲のどこにアクセントがあるか、どのタイミングでスタートするかから始まり、基本ステップをそれなりにマスターすることは私にはたいへんな努力を要した。また、かつて全盛を誇ったジルバは今では片隅に追いやられているなど時代の変遷も感じた。

この先生は同年代の女性で、夫妻で練習場を経営していた。若い頃はお金がない中、ヨーロッパに勉強に行って苦労したことなど話してくれる。当時からイギリス、ブラックプールはダンスのメッカだったのだろう。関東選手権で優勝した賞状が掲示してあったから、それなりの実績はあげた人と見えた。他に、男女それぞれ一名の講師がいた。練習場で様子をみると、女性の生徒が断然多く、男性は少なかった。パートナーと練習している人は競技会が近づき、最後のチェックを入れているのだろうか。まさに映画『Shall We ダンス？』の世界を見る思いだった。ダンスを習うには、ダンスシューズを一万円くらい出して買えばよく、それ以上は特に用意するものはない（より本格的になれば別だろうが）。ネクタイを外し、身軽に動ける服装で受講すればよい。

ただ、個人レッスンにはお金がかかる（三〇分、二五〇〇円）。そのため、この世界にのめりこむと男性は一財産をなくすような人もいると聞く。それだけ、魅力はあるが本物になるには時間がかかるのだろう。もちろん、運動神経、音感、体型など適性のある人にとってはむずかしいことではないことかもしれないが、普通の人がそれなりに踊れるようになるためには数年単位の年月が必要ではないだろうか。最近テレビで芸能人が短期間の集中練習で相当な演技を披露している番組があるが、あれは不思議でならない。

個人レッスンだから当然、先生と二人で繰り返し同じような内容を練習することになる。その効果は少しずつ出てきて各種目の基本から中級程度のステップとそのつながりはおおよそ身に付き出した。問題はそれをいかにきちんと踊れるかにある。体重移動や足の上げ下げ、姿勢、目線など課題は多い。しかし、それまでとても自分には無理だと思っていたタンゴもまじめに習っていると次第に踊れるようになる。キュッとアクセントをつけて身体を切り返し、むずかしいターンを続けていくことは快感だ。コントラチェックなどのポーズ（らしきもの）を決めることができると少しはダンスを楽しんでいる気分になる。

素人は慣れてくると、たくさんのステップを覚えたい、より難易度の高い動きに挑戦したいという気持ちが強くなる。しかし「競技ダンス」という世界に生きてきた先生からみれば、まず基本がきちんとしていないと先行き意味がない、と強調される。たしかに、ゴルフでも何でもきちんと基本を学ばないですぐコースに出てその後長い間苦労する人は多いのだから、同じことだ。ただ、頭ではわかっていても、先生が期待する水準に達するのは容易なことではないと実感しているので辛いところだ。また先生も、お金のためと割り切ってもあまり感度の良くない素人が相手では退屈なことだろう、などとつい余計な気をまわすようになる。そこで先生にそんな気持ちを率直に話すと、「はじめの目的だった地域の会ならもう大丈夫ですよ」と慰められてそこはいちおうの終わりとした。

しかし、たとえ「地域の会」に行ってもそうは甘くはないだろう。そこで、目先を変えてグループレッスンに参加してみた。どういうわけか、高田馬場周辺にはそういう教室はいろいろある。某所の受講料は個人レッスンの半額程度で、先生も十人近くいる。そして午前一〇時から夜一〇時まで、一レッスンは一時間三〇分単位で次々に各種のコースがある。月間予定表と担当講師名が記されたチラシがあるので、何の種目を受けたいか、どの講師にするかなど考え、気軽に参加できる。個人レッスンにくらべれば、変化はつけられる。一グループは男女それぞれ五、六人で行うことが多かった。数人で同じことを練習するのは良い点と悪い点がある。練習相手がそのつど変わるのでいろいろなタイプに慣れる利点があるが、やや水準の違った人がいると全体が進まなくなったりする。初心者から上級者まで、科目もさまざまで利用価値のあるところだ。

また、とにかく場数を踏んで慣れるためには、身近な地域の会に顔を出すのが便利だった。区報にはダンスの会はたくさんのっていて、「初心者専門」、「ある程度踊れる人を対象」などとうたい、平日から週末までいろいろの会がある。「見学者大歓迎、とくに男性の方」などと記されているので、あちこち見学すると参考になった。どこも、誰も知らない初対面の人ばかりのグループだが、その頃は、気軽に見知らぬところに顔を出すことに格別の抵抗感はなくなっていた。

こういう地域の会は、プロ級の講師のところもあれば、経験者が気軽に主宰しているものもあり、どこでも大体週一回で月謝が四千円くらいだった。本格的な練習場にくらべれば、当然ながら素人臭いところはあるが、ステップに慣れ、いろいろな体型の女性を相手に踊ることに慣れるためには都合がよい。なかには、サルサを踊る会、クイックステップに力を入れる会などユニークなところもあったが、率直に言えば「生涯学習の会」と見受けられるところも多かった。ただどんなところでも実際に参加すれば、異性を相手にするわけだからそれなりに身だしなみを整え、出かけることになる。普段は異性と身体を接して動くということはないから、社交ダンスは適度の緊張感と刺激を与えることは否定できない。身体を動かし頭も使うので心身を活性化することはたしかだろう。

この世界に半年くらい通った頃、姿勢矯正のため日頃使わない筋肉を使いすぎたせいか、左手がまったく上に上がらなくなってしまった。これがよく聞く五〇肩かと思い、そうなると一年間は背広を着るのにも苦労すると脅かされ、強制的に「退場」となりいちおうのエンドとなった。幸い、本当の五〇肩ではなかったらしく三ヶ月くらいで元に戻ったが。あとで気がついたら、下半身の筋肉が非常に強化されていた。本当は激しいスポーツなのだ。社交ダンスの世界を知ったことは貴重な財産となり、いずれ充分時間ができたらまた戻りたいと思っている。残念ながら運動神経の鈍さからか、あまり適性があるとは思えないが身体を動かしているのは楽しいことだ。

先遣隊員のつぶやき

身体を動かすことは理屈ぬきに楽しい。社交ダンスは阿波踊りと同じで、見て楽しむものではない。「踊らにゃ損」という世界だ。下半身はじめ全身の運動にもなり、膝、腰などにはたいへん良いことは確実だろう。加齢すれば幼児に戻る。子供も身体を動かしているときが一番楽しそうに見える。

三　料理教室で自活力を

ある時、そうだ、料理教室に行こう、と思い立った。かつて、ロンドンで単身赴任生活をしていた際、かの地の日本料理店では値段が高い割には内容が伴わず、結局、スーパーで魚や野菜を買ってきてアパートで適当に加工して食べるのが一番落ち着いた。幸い、日本の「だしの素」や醤油を使うと良い味が出た。ほうれん草のお浸しや茄子焼きに鰹節をかけて食べるのは手軽で元気の出る自分なりのメニューだった。鮭や鱈の切り身は今ではどこでも売っているから、雑多な具を買って来て電気鍋で煮込めば手軽な寄せ鍋ができた。そんな経験があった。

しかし、自己流ではやはり限界がある。どうせなら、いちおうは本当の味の出し方を覚えた方がよい。これからは男でもひと通りのことは知っておいたほうが良いのではないか。この世の中、先行き、いつ何があるかわからない。仮に一人になったとき、毎日コンビニ弁当というわけにもいくまい。……前置きが長くなったがこんな気持ちから料理教室の門をたたくことにした。

そして恒例にしたがってインターネットで探り、料理教室はいろいろあったが「朝日カルチャーセンター」の「男の料理ＡＢＣ」に決めた。毎週水曜一八時三〇分から二〇時三〇分まで、全四回で一万七二〇〇円とあった。

このとき初めてカルチャーセンターという所に行き、そこが非常に広範で多彩なセンターであることを知った。「イスラムの本質を突く」などの公開講座、内外の文学、絵画、音楽、演劇、俳句・短歌教室、世界中の語学、点字・手話、パソコン教室、邦舞、洋舞、工芸、内外の旅行などまことに多様であり、あまりのメニューの多さに驚くばかりだ。これほどのコースが成り立つということはそれだけの需要層がいるということだろう。ロビーではソファーに座った奥さん方のグループが楽しそうにお喋りをしたり、老紳士が時間待ちで静かに本を読んでいた。

受付に行き、私の受けたい料理教室を申しこむとその場で受講カードをくれ、同じフロアにある料理専門の教室に行くように言われた。入るとまずロッカーがある。ここであらかじめ電話で持参するように言われたエプロンを身につける。教室の広さは小学校の教室の一・五倍くらいで、そこにテーブルが三列配置され、各列にいくつかの調理器具が並んでいた。ガスレンジや洗い場などもそろい、何となく理科の実験室のような感じがする。「どうぞ、適当なところにお座り下さい」と言われ、左側の真ん中に座って待った。すでにテーブルの上には今日の献立用の素材が一部並んでいる。中年の男性の先生とその助手と思しき女性が残りの素材の準備に忙しそうだ。

そのうちに、少しずつ受講者がやって来た。私は初めてだったので早めに行ったが、他の人は手慣れた様子で定刻近くにそろった。どうやらそれぞれの席が決まっているようだ。年のころはやはり六〇歳以上の人が多かったが、三〇代の人もいた。「どういう目的で来ているのですか?」「長いこと来られているのですか?」と聞くと、「独身でどうせどこかで食べるから」「そうですね、もう一年くらいになるでしょうか」などと言う。独身だったら誰か女性を誘って食事をしたらどうかとも思うが、最近の人は異性との付き合いに以前に比べ慎重になっているようで、自分のペースを重視しているように思えた。

彼らは手慣れたもので、まな板や鍋、フライパン、包丁などの調理用具を所定の場所から取り出し準備を進めた。私もどこに何があるかを先人に聞きながら手伝う。さらに先人は今日のメニューとそのレシピ、作業手順などをかいつまんで記したペーパーをとって熱心に読み出した。マークを付けたりして準備している。私もあわててそれに従うが、なにぶん初めてなので書いてあることもよくわからない。

さて、時間になりいよいよ講師が説明を開始する。その日のメニューは

一　カリフラワーのクリームグラタン

二　マグロのみぞれ和え

で、講師の机上には素材が準備されていた。

講師は手順を説明しながら、自分のテーブルで実演していく。各手順のポイントは何か、どこに気を付けなければならないかなどを解説する。当日のノートを改めて開いてみると、

・「カリフラワーを小房に切り分け、少し固めに茹でる」

・「芝海老は殻と背ワタを取り除き、塩を加え、もみ洗うことがこつ」

・「鍋にサラダ油とバターを熱し、玉葱、マッシュルーム、ハム、芝海老の順に加えて炒める」

・「小麦粉をふり入れて混ぜながら炒め、牛乳を注いで溶きのばす」

・「おろしチーズを加えて混ぜてから、スープを注ぎ静かに煮込み、最後に生クリームを加えて混ぜる」

などと記されていた。

講師が実演したあと、いよいよ生徒が作る番だ。誰がどの部分をやるかは自己申告制らしく、ベテランはむずかしそうなところを「ここは私がやります」と手を挙げていた。講師は各テーブルを回り、必要に応じて指導をしていく。「さっきはそうは言わなかったでしょう」「そうそう、その調子ですよ」などと声をかける。ややおたくっぽい雰囲気を持った人だったが、何かの道を極めるタイプは自然にそうなるのかもしれない。

料理ができるとテーブルごとに容器に盛り付け、生徒も椅子を持ち寄り座る。二人に一本ビールが出た。作業のあとのビールはうまい。そして、さあ出来栄えを、とみんなで試食し始める。このグラタンはちょっと柔らかすぎる、ミルクを入れすぎたのかな、などと反省が続く。「男の料理教室」第一回はこうして終わった。

このシリーズは全四回あり、あとの三回は

◇うどんすき、いんげんとこんにゃくの炒り煮
◇海老と野菜のてんぷら、白菜とかまぼこのわさび和え、なめこ汁
◇カニ肉の炒飯（スープ付き）、あさりともやしの卵炒め

という、非常に身近な、それだけに男性としては身に付けたい基本的な料理のイロハだった。野菜や肉などの切り方、お湯の通し方、炒め方、温度加減、盛り付けの基本、その他講義内容はすべて耳新しいことで充分参考になった。これをずっと続ければ知識、技能はたしかに向上するだろうと思ったが、私としては体験コースのような位置づけであり、当面、これで充分だった。

先遣隊員のつぶやき

料理は美味い味の探求に関心がある人には興味深い世界ではないだろうか。もともとシェフは男の世界と言われるが、それは男性の方が味についてデリケートだから、とされる。時間が充分できたら、ケーキの作り方やもっと凝った料理を習いにいくのもおもしろいだろう。ときには家族のために料理を作り、美味しいと食べてもらえばうれしいことだし、配偶者にかわり昼飯でも作るようになれば、夫婦円満、熟年離婚の懸念も少なくなるだろうというのは考え過ぎかもしれないが……。

四　思いがけず本を出版する

エッセイを書きたい、そういう気持ちは誰にでも自然にあるのではないだろうか。人間、一定の年齢になれば、いろいろ思うところは多い。生きてきた足跡を残す意味でも、またちょうど絵画を描くように自分の気持ちを表現する場として関心を持つ。

ところで「エッセイを書く」と言ってもいろいろな形がある。知人の例をいくつか紹介してみたい。ある人の奥様が本格的に絵画を書く。ご主人は海外勤務が長く英語の詩文、いわゆる「ソネット」を得意としている。このご夫婦は善福寺公園の近くに住んでいるので、その周辺を題材に奥様が絵を描き、それにご主人がソネットを添えるという形で美しい画文集を出された。本格的なものだった。別の方はかつて陸軍幼年学校の最後の世代ということで、古来よりの多くの人びとの「死生観」をまとめた大作を発刊された。長年温めてきたテーマだったのだろう。旧大戦で満州に渡り中隊長として苦労した話を出版した人もいた。

音楽で知り合ったTさんは昔からものを書くのがお好きだったとのことで、同人誌『ひとりから』というところへの投稿を楽しみ、またその仲間でいろいろ話を交わしているという。同誌を読んでみると、幅広い方々の投稿があり活発なやりとりがある。文字のやりとりはインターネットの掲示板より人間味があると感じた。こんなふうに、エッセイの楽しみ方にはいろいろな形があると思う。

初めは私もそんな軽い気持ちで、これまで経験したことの中から印象に残ったことを少しずつ書いていった。まだ見ぬ孫がいずれの日にか読んでくれたら、というような思いもあった。ところが、あるとき会社の同僚だった人がすでに三冊本を出版していることを知り、「本を出すとはたいへんなことですね」と聞くと、「いや、そんなことはありませんよ」といろいろ教えてくれた。問題は毎日たくさんの本が出版されるから、出版を受けてくれるところがあるかどうか、そこがむずかしいという。ＹＡＨＯＯで「本日の新刊」を検索すると、毎日百冊程度は出版されている過当競争の世界と知った。売れそうもない本を出版する会社はないだろう。しかし、出版の醍醐味は自費出版の自己満足とは違う。自分の考えを広く世間に問いたいという気持ちがある。できればどこかの出版社から本を出すことはできないだろうか。

問題は原稿の内容だ。それが出版に値すると思われなければ話にならない。たまたま私にはぜひ書きたいことがあった。第一の職場にいたとき、アメリカ、アジア、ヨーロッパの三大陸に住み、四〇数ヶ国に出入りして三〇ヶ国近くの人たちと共に働く貴重な経験をした。そこで感じたことを若い世代に伝えたい気持ちが強かった。

グローバル時代にある中、これからの若い人たちに世界の人々の実情を知って欲しい、恵まれた日本社会に安住することなく、目を世界に向けて生きて欲しいという思いがベースにあった。そのためには内外の違いをよく理解する必要がある。日本のような同質社会ではなく異質な文化が混在する社会ではどう振舞えばよいのか、海外では言うべきことはしっかり表現し主張しないといけない、自分の意見を持つことが大切だ、日本的な性善説は美しいが、現実の世界をみると残念ながらそれだけでは通じない、アジアの国では瞳を輝かせて毎日を生きる多くの人たちがいる、それにしても日本は何と恵まれていることか、まず自国をよく知ることが大切だ……、異文化に接するという観点からすれば書きたいことはたくさんある。これを抽象論ではなく、三大陸で経験した実例、体験だけをベースに書いていった。年をとると昨日のことは思い出せなくても、昔のことはよく覚えている。暇をみつけて書いているうちにそれなりの分量になってきた。

ところで書くと言うと「原稿用紙で何枚」という印象が強いが、今はプロの作家も含めてパソコンで打つことが多いらしい。ついこの間までは、前後の文を入れ替えたりするときは初めから書き直すか、継ぎはぎをする必要があったはずだ。昔の作家の原稿を資料館などで見ると、そういう汗にまみれて書き加え、推敲した原稿が残っている。さぞかしたいへんだったことだろう。その点、今はある部分を移し変えたければ「切り取り」とか「貼り付け」というパソコンの機能を使えば簡単にできる。何より書きたいときに部分、部分を書き、それをメモリーに入れておいて、必要に応じて再構成すればよい。パソコンは原稿書きに千人力を与えてくれた。

さて、いちおうの草稿ができた時点で次はいよいよどこか出版してくれるところを探さなければならない。そこで、先述の先輩に相談した。彼は原稿を一読したあと、自分なりに知り合いをあたってみると言ってくれた。しかし、何社かあたってもらったが、焦点がもう一つ絞り切れていないということでそれ以上先には進まなかった。それでもしばらくすると良い話が飛び込んだ。某社が、内容に興味があるという。これから世界に出て行こうとする若い人、日本社会の将来に暗さばかり見ている人たちにぜひ読んで欲しいものだと言っているという。私の趣旨を理解してくれたとうれしく思い、初めて現れた前向きなその出版社に出かけた。

そこは花伝社といい、小さいながらも特徴のある出版に誇りをもっているようだった。愚作も少し構成を直し、多少補強すればおもしろくなるのではないかと言ってくれた。また、一般に売る以上はそれなりの題名を付けなくてはいけないということで、怖れ多くも『日本再生のヒント』とすることになった。それまでは（仮称）『私の出会った世界の人びと』という感じで書いていたので、われながらびっくりする大げさな題名に代わったが、売ってもらう以上専門家のアドバイスを素直に受けることにした。最終稿ですと言って渡した後、やっぱりこれを付け加えて欲しいとか、前後を入れ替えて欲しいとか、こちらが不慣れなこともあり編集者にはずいぶん迷惑をかけた。いろいろ初産の苦しみを味わったが、どうにか刷り上がった時はうれしかった。

ちょうど日本社会が不況に苦しんでいた時期でネイミングはぴったりだったのだろう。自分の本が八重洲ブックセンターや日本橋の丸善などの新刊コーナーでいわゆる「平積み」されているのを見たときは正直気持ち良かった。これまでお世話になった人や友人などに久しぶりの便りもかねて送った。長い間、年賀状程度の細々とした交流を続けてきた人などから「君の考えがわかっておもしろい」「そういう経験をしてきたのか」などと感想をもらい、せっかくだから昼食でも食べようという人も相当の数になった。長文の感想文をくれた方もいる。子供たちにすぐ読ませた、というのが一番うれしいコメントだった。こちらの狙いも若い人を意識していたからだ。その後増刷したという話は聞かないが、初めての出版としては充分納得がいった。絵画であれ、書道であれ、文章であれ、形にして残すことの楽しみは大きい。

ところで、最近は「本にする原稿を求めています」という広告が非常に多い。手許にある『文藝春秋』をとってみても、四、五社がそういう広告を出している。そして、ホームページを開いてその手順を見ると、「まずメールかコピーで原稿を送って下さい。当方で審査します。通常二、三週間はかかります。なお、出版には以下の三区分がありあなたの場合そのどれが適当かを連絡します」とある。その三区分とは以下のことという。

企画出版――出版社のリスクで出す（商業ベースにのると見た原稿）
共同企画――著者、出版社でリスクを応分に負担する
自費出版――書店の販売ルートにはのせず、著者の必要部数だけ印刷する

それにしても、「原稿求めます」の記事が多すぎる。そこで私は某出版社に勤めている友人にその理由を聞いてみた。返信のメールと送られてきたＦＡＸは興味深かった。要するに、この世界は出版社にとって新しい収益源、商売の種らしい。活字離れが激しく、総じて出版の世界は需要が落ち込んでいる。そうした中、元気なシニア層を中心に「何か書いてみたい」「自分史を残したい」という人が多いという。そこで、潜在顧客を獲得するために広告を出すというのだ。しかも、ある会社の社内資料を見せてもらったところ、なかなか強烈なことが書いてあった。

①持ち込まれた原稿はひたすら誉める（予想される読者は本人とその周辺の限られた人だけ。従って客観的な評価は不要だ）

②その上で、「残念ながら、当社の企画出版には難しい」ことを伝える（本は一日一〇〇冊以上出ていて大変競争が厳しいと説明すればお客は納得する）。もちろん、本当に良いものがあれば企画出版すればよいが、それは三〇〇件持ち込まれても二、三件あるかないかに過ぎない。

③「しかし、せっかく原稿にまとめたのだから、このままではもったいない、是非、本にしては如何ですか」といって自費出版をすすめる。相手の顔つきを見ながら二五〇〇万円くらいから言い出せば二〇〇万円くらいで納得する人が多い。

これを読むと、気軽にそういうところに相談するとみすみす出版社の思うつぼにはまるだけだ。ちょっと水を差された思いだった。「あなたの著書が書店に並びます」というのが最大のうたい文句だが、通常のように取次業者を通すケースは少なく、特定の契約書店に並べる程度で実際は注文を受けてから発送することもあるという。この素人を相手にした出版提案は最近ちょっとしたトラブルの種にもなっていると聞く。つい先日もその世界の大手業者が倒産し、払い込んだお金が戻らず本も出せないで困っている人がいるという記事を見かけた。よく実態を研究して安易にとびつくことは避けたいものだ。

先遣隊員のつぶやき

「本にする原稿求めます」の裏のからくりには驚いた。さまざまな呼びかけがあるが、くれぐれも商業ベースにのせられないことだ。簡単な自費出版ならパソコンデータを送ると、新書版を十万円くらいで作ってくれるところもある。なにごともよく調査した方がよい。

第3章

趣味の世界も甘くない

一　体力の限界に直面――司法試験

いろいろな門をたたき、それなりに新しい世界は広がっていったが、どうも今ひとつぴんとこない。たしかに今は言わば下見の時期で、本当に定年を迎える日のために試行錯誤しているのだから、と自分に言い聞かせてもうひとつしっくりこない。そもそも定年後に趣味は生きがいになりえるか、という命題を追求中の立場としては複雑である。もう少し体当たりできるものがないだろうか？

そんな折、ある人が六〇歳で公認会計士の資格をとったという話を聞いた。またある先輩は退職後、六〇代後半から大学に通い博士号を取った。これには刺激を受けた。なるほど、勉強するという道があるのだと。これから比較的、時間に恵まれた環境の使い方として「勉強」はいろいろな可能性を秘めた世界だ。資格マニアになる気はないが、何かやってみようか。そんな気分になった。資格をとるためには当然だが相当の時間本気で勉強する必要があるだろう。それは脳細胞も刺激するだろうし、時間の有効な使い方だ。

さて、それでは何がよいだろうか？　どうせやるなら一番本格的なものが相手に取って不足がない。かつて法学部に籍を置いたが、当時は高度成長の真っ盛りで、民間企業に魅力を感じ自由業には関心を持たなかった。当然、法律の勉強にも気合が入っていない。よし、それなら時間もあるしひとつ司法試験の予備校なるところに行ってみよう。人並みに会社員を三〇数年もやれば、その間いろいろ法律に関わるケースも経験している。青臭い学生とは深みが違うぞという意気込みもあった。

その観点で調べると司法試験に関しては四、五ヶ所の大手予備校があることがわかった。初めに一番有名とみられる渋谷の伊藤塾の説明会に行った。伊藤先生はこの世界では教祖的な人で自分の言うとおりにやれば二年で合格できると強調する。もともと高田馬場のR社の売れっ子、カリスマ教師だった人が独立したそうだ。当方はそういう人の話を興味深く聞き入った。

後に知ったことだが、この試験の難関ぶりは相変わらずで、今でも合格者の平均年齢は二八・五歳、大学卒業後五、六年目だという。それからくらべると、この伊藤先生がいうことが本当なら受講生に好評なのはよくわかる。合格者の体験報告もあり、大学在学中、四年で合格したといういかにも良家のお嬢さんという感じの女子学生が「私はとくに何もしませんでした。先生の言う通りにしただけです。旅行も楽しみました」と話す。人気が出るはずだ。ここでは講義内容をＤＶＤで配布する。受講料が年間およそ八〇万円はかかるうえ、当時まだ普及途上だったＤＶＤプレーヤーも必要だった。格差社会といわれるが、一定のお金を工面できる学生でないと入塾できないだろう。私は家が西武線沿線のため渋谷は方角が違ううえ料金も高すぎた。結局、比較的大衆的で相性が良いと思われた高田馬場の某校に申し込んだ。

授業は十月下旬から始まった。二年で合格をめざすコースで、火曜と木曜の午後七時から一〇時までと土曜日午前一〇時から午後五時まで講義がある。久しぶりに聞く法律の話は新鮮だった。憲法では基本的人権の尊重と公共の福祉をどう調和させるかという点で、米国式の新しい尺度がいろいろ導入されていることを知り、この世界も三十五年間にそれなりに進歩しているのだと不遜な感想を持った。その後、民法、刑法とやったがそれぞれにおもしろい。民法は実務に近い契約法などに関心が高くなる。改めて物権と債権の違い、無効と取り消し、善意の第三者を交えた複雑な関係の解決など勉強になった。刑法は昔から哲学的な世界だったが、ますますその傾向を感じた。違法性の認識はどこまで必要なのか、責任能力をどうみるかなど、客観説、主観説のそれぞれの主張は興味深い。こういうことを昔、学生時代にたしかにやったと思い出した。商法では日本の会社法でもコーポレートガバナンスに力を入れ、監査役の権限強化、株主代表訴訟など随所に現代化を図っているとを感じた。しかし、相変わらずのカタカナ表記、しかも番頭、手代という言葉がまだ法律に残っていることには違和感を覚えた。

受講者は現役の学生が三、四割、残りの大半はいわゆる司法試験に専念中の人たちで、一部仕事帰りの脱サラ志願組と見られる人がいた。五〇代以上と思われる人は私以外に二人いたが二人ともこの試験に通る為に人生を過ごしてきたようなややマニア風の人だった。大企業の魅力が薄れる中、資格を持った自由業の魅力が高まっているようで、受講する若い人たちは非常に熱心だった。とくに三割程度を占める女性の存在がめだち、活発に質問していた。女性弁護士を志願する人たちが多いと思われたが、眺めていると異性の友達作りに熱心な人もいる。一説ではこういう段階から狙いをつけた男性とつきあい始め、その男性が資格を取るのを支え将来は伴侶になるというのも隠れた人気があると聞いた。いろいろな教室模様だ。

この試験は「短答式」と言われる五択から正解を選ぶ一次試験と、論文式の二次試験があり、それに受かると最後に口頭試験の三次試験がある。このうち、年配者にとって、一番手ごわいのは短答式の一次だと思う。憲法、民法、刑法三科目それぞれ二〇問、計六〇問を三時間で解く試験で、一問当りに費やせる時間は三分だ。この問題は非常に詳細な知識を必要としつつ、近年は複雑な長文を短時間で効率よくさばく能力が求められている。

この最近の試験傾向は、万年受験浪人よりも若い柔軟な人を求めているためと言われているが、結果的には一種の受験テクニックが強く求められる傾向にある。長文でしかも各種の問いを組み合わせた問題が多く、設問文を初めから全部読んでいては絶対に時間不足になるように作られている場合もある。このため順番を逆に始めるとか、最初からある部分は省くなど、独特のテクニックが必要不可欠だ。高級なクイズ、知能テストの感じすらする。ちなみに当局は、こうした傾向を反省して旧来の司法試験は順次縮小し、法科大学院を登用のベースに変えようとしているようだが妥当なことだろう。

また、論文式は具体的な事例を示し、見解を問われるケーススタディで、ボールペンで書くことが義務付けられている。ボールペンの場合、訂正すると答案は汚くなり印象が悪くなるから、書き始める前に論述の骨格をしっかり作ることが必要だ。たいていの問題には触れるべき論点がいくつかあり、そこについて自説を記し（かつ他説を批判し）、結論を簡潔、かつ説得力を持って書く必要がある。六科目あり一科目二問で計十二問、一問一時間で解かなくてはいけない。一時間の使い方は、全体の構想、論理展開を練るのに一五分くらいかけ、残りの四五分で記入するような配分になる。いずれも記憶力、判断力、構想力、表現力、気力・体力を問われるむずかしいものだ。

やる以上は冷やかしにしたくなかったのでまじめに講義に出席し、自宅でも勉強した。

しかし、さすがに年齢の影響は隠せず次第に体力的に厳しくなってきた。最大の弱みは視力だ。年をとると誰でも視力が衰えるが、私の場合乱視が複雑にまじった目なのでますます面倒だ。教室でノートを取るために、遠近両用メガネを新調したがなかなか目に合わない。目の周りの筋肉が柔軟性を欠き適応力が落ちているのだろう。そういう中、六法全書など細かな文字を短時間に大量に読み高度な内容を追いかけることは容易ではない。言うまでもなく記憶力は年齢相応にしっかりと衰退している。

講義の途中でかなりの頻度で模擬テストがある。自分としてはきちんと記したつもりでも答案が帰ってくるとA、B、Cのうち、Bの中あるいは下くらいのものが多い。点数別の分布表と優秀答案のコピーがついている。このくらいの答案なら合格圏ですという優秀答案はさすがに要にして簡、良くできている。これに対して私の答案に朱色で添削されている指摘はその通りであり、至らなさを思い知らされる。この年齢でも何とかなるだろうという思い上がりに対し、世の中そう甘くはないですよ、と言われたようにも感じた。

三ヶ月くらいたつと商法、訴訟法も始まり、だんだん本当の受験生と同じで生活は勉強一色になっていく。たしかに昼間の仕事はそれほど過酷なものではないとはいえ、それなりに仕事をしているのだからこの夜昼ともに全力を使う生活を進めていくうちに疲れがたまってきた。長時間密度の濃い書物を読み、書き続けると、背中の筋肉が硬直し疲労感が高まる。暑い夏、仕事を終えて授業が始まる前、駅前の蕎麦屋などで簡単に夕食を取るがこれも味気ない。学生街だから手軽なところは多いが毎週となると飽きもくる。試験の傾向が知能テスト型で、講師が「疑問を感じず、とにかくこう覚えなさい」と連発することにも次第に違和感を感じてきた。

この予備校にはそれでも一〇ヶ月通った。法律の勉強そのものはおもしろかった。しかし、正直なところ体力がついていけない感じが強まった。加えて、本当に合格をめざすなら平日のつきあいを全て断り、週末のゴルフも止め、最低三年間は本気にならなければいけないと思った。一部の例外を除いて、二〇代で自信のある人たちでも学校を出て四、五年かかるのが普通で、合格者の平均年齢が二八・五歳という事実はそういうことを意味している。三年間この生活に専念していたら、せっかくの遊び仲間もいなくなってしまうのではないかと思うと、自然に引き際のタイミングを考えるようになった。

自分としてもこれから弁護士になってとくにやりたいことがあるというより、勉強をしたいという動機で始めたことだったのでそれほど挫折感はなかった。ただ、何にでも挑戦できると思い上がっていたが、やはり年齢からくる制約は否定しがたいことを改めて感じた。趣味として取り組むにしても、何でもやれるものではないということを。ただし、定年後、何か目的を持って勉強することは意義深い時間の使い方だと感じた。

先遣隊員のつぶやき

資格の取得はやりがいのあるテーマだと思う。生涯学習という言葉の通り、人間いくつになっても学ぶことは楽しい。かつ、誰しもやり残した思いがあり挑戦したい世界があるのではないだろうか。呆け防止にはもちろん有効だし、若い人たちと一緒というのも刺激になる。

中小企業診断士とかフィナンシャルプランナーなど、国家が認定する資格をとれば、その仕事ができ、定年後の生き方の選択肢が広がる。しかし、当然だが、取得までには日頃の生活は相当我慢して努力、研鑽することが必要だろう。また、資格を取っても客がつくかどうかは別問題だ。その辺を天秤にかけて、判断しなければならない。

二　ヨコ社会の掟を破る

趣味の世界は会社というタテ社会と違い、典型的なヨコ社会だ。会社で重視される価値観がそのまま通るわけではない。端的に言えば、普通のおじさん、おばさんの会と割り切り、その会の歴史を知り先人の考え方を受け入れないと本当のメンバーには加えてもらえない。しかも、どの集団にも主導権を握るインナーサークルが存在すると見るべきで、新人はそういう人たちに敬意を払い、一目置いていると行動で示すことが大切だ。途中で参加した人間が出過ぎたことを言っても相手にされない。あまり急がず、石の上にも三年の気持ちでじっくりやることが必要だろう。こうした点をよくわきまえないと不幸になる。残念ながら私も張り切りすぎて苦い経験をすることになった。

冒頭、私の定年後のプレ・スタディがささやかな合唱団から始まり、それを資格試験のため中断したことに触れた。しかし、その件も一段落すると、再び合唱に目が向いた。インターネットで検索エンジンに「合唱団」「東京の合唱団」などと打ち込むとたくさんのホームページを見ることができる。東京だけでも一〇〇以上の団の紹介が載っている。いずれも「団員募集」を強調しているので、どの団も新人募集に非常に熱心なことがよくわかった。新人の募集に熱心な理由は、より多くの団員がいた方が本格的な合唱になるという技術的な面に加え、財政上の要請が強いのではないだろうか。指揮者やピアニストへの謝礼、練習場の借用料など、合唱団の経費は団員数に関わらず一定の金額がかかる。このため、団員が少ないと一人当たりの負担額が大きくなる。転勤や家の都合などで、毎年自然減は避けられず、できるだけ団員を募集することは絶えず必要なのだと思う。

さて、ところでどこが良いだろうか。あまり若い人だけのところや、遠くのところでは都合が悪い。そんな時、ある雑誌で、とある合唱団の定期演奏会が紹介されていた。百聞は一見に如かず、いろいろ見るにかぎると見学に行った。公演は二時からだが、会場に一時半に着いたらもう一階の席は満員に近く、ロビーも人があふれている。下から眺めると二階もずいぶん埋まっている。全席入ると一五〇〇人くらい入るところなので、相当な入りだ。

開演時間となり団員が入場した。ここは八〇人前後の大合唱団で男女比率はおよそ六対四、あるいはもう少し女性が多いくらいだがとにかく人数が多く、それだけでも壮観だ。指揮者が入場した。パンフレットによると某音楽大学の教授で年末の第九を指揮するなどなかなかの有名人らしい。そして第一部、混声合唱「心の四季」が始まった。これは高田三郎氏の曲を歌うもので、「風が」「水澄まし」「流れ」など日本人の心に残るすばらしい曲が続く。ウーン、やっぱり日本の歌はいいなと感じた。第二部は宗教組曲。ここではハイドンやバッハの曲がドイツ語で歌われ、そのあと小休止となった。

そして、最後の第三部では「アラカルト」と称して、いろいろな歌が歌われた。「めぐり合い」「祭りの日」「河口」など力の入った曲が続く。途中で観客の方も舞台に上がって一緒に歌いましょうという場面があり、大勢の人に混じり車椅子に乗った老婦人も歌っていた。曲もともかく、メンバーがみな楽しそうな様子で歌っていたこと、年齢的には五〇、六〇代が中心だが、男女とも三〇代、四〇代の人もかなりいて、広範囲の人たちが集まっているという印象を受けた。

アンコールの途中、指揮者が選曲の解説や団のPRをした。これはなかなかウイットに富む話でおもしろかった。団員の笑顔もよい。ただし、誰もが入れるのではなく簡単なオーディションをしてそれに通ることが必要だという。もっとも、話し振りから女性はすでにかなりの人数がいるため競争率が高いが、男性はいちおうの経験者なら問題ない感じだった。結論から言うと、そのオーディションも無事終わり、私の団員生活が始まった。毎土曜日、中身の濃い練習生活が始まった。

この団では練習のあと、近くの居酒屋で一四、五人が飲んで帰る習慣があった。誘ってくれる人がいて寄ってみるとなかなか感じが良い。仕事の話など一切なく、他愛もないことを言いながら酒を飲み、話す。三時間歌うと実際のところ喉も渇くし腹も減る。そこで飲むビールは滅法うまい。

それからは、この帰りに寄る飲み会の常連になった。男性が七、八人、女性五、六人が固定メンバーで、そのほか日によっていろいろめずらしい顔も現れる。合唱団のメンバーだから、あの曲は歌いにくい、男性はもっと努力して欲しいなどという会話が出る。あの人はこの頃来ないけれどどうしたのだろう、とか、じつはかつてこんなことがあったなど、団の内情が自然にわかるような話も多い。男性の現役時代の職業や、女性も専業主婦だけでなく通訳、デザイナー、学校の先生などさまざまな職業の人がいることを知り、団員のバックグラウンドにくわしくなる。教室で歌を歌っているだけよりは親しみを感じるようになった。

練習は順調に進み、東京都合唱祭などで発表したあと、年に一度の定期演奏会を迎えた。みな、この日を楽しみに練習してきたのだから気合が入る。演奏会は非常に盛り上がった。合唱団に参加して本当によかったと喜んでいた。

ただ、実際のところは、こうした音楽活動と併行して、予想もしない事態が進行していた。八〇人前後の団になるとその運営は簡単ではなく、組織、会計、広報、技術その他いろいろの役割からなる幹事会が組織されていた。飲み会で親しくする人が増えた頃、新入りながら私にバス・パートの親睦委員をやってほしいと言われた。欠員だったそうだ。また、那須高原に合宿に行くことになりその実行委員も頼まれた。さらに、この団にはまだホームページがなかったので作ることを提案したところ、それでは君がやってくれということになった。こうして、いつのまにか幹事会の一員になっていた。

幹事の一人になって月例の幹事会に参加するようになると、この団の運営は財政的にも組織的にも曲がり角に来ていることを知った。団員の減少による収入減、新旧団員間のコミュニケーション問題、世代間格差などよくある話だったが、それぞれに悩ましい問題でもあった。しかし、旧来の執行部の方々はそうした問題への対応力に鈍く、幹事会はさして緊急性のないテーマを延々と議論し、その結果、何の結論も出さないとか、少しでも反対意見があればそれ以上進まないとか、傍で見ていてイライラすることが多かった。そうなるとつい生来のおせっかいな性格から、よせばよいのに「こうしたらどうですか?」「それはどうでしょう?」などと口をはさむことになる。すると前からいる人は「この団ではそういうやり方はしてこなかった」と言い、当方は「だからこそ変化させた方が良いのでは?」などと、議論することになる。良かれと思って言っていても、言われた方は何か批判されているように感じたらしく、次第に気まずい雰囲気になってきた。

定期演奏会が終わったあと、二年に一度の役員改選期がやってきた。新しい団長候補には私が適任と思っていた人とは別の人が推挙された。そして、その推薦人になって欲しいと頼まれたが、本心を曲げるのは嫌なので辞退した。……それからは、ますますうまくいかない。練習後の飲み会に出ても、どうもぎくしゃくした感じがする。親切な人が、「新人で入ったら三年は静かにしているものですよ」と言ってくれた。またある人は、「普通のおじさん、おばさんになりきらないとダメですよ」とも言われた。どうやら新入りの私は少し出過ぎた言動をとり、既存メンバーにとって自分たちが長年かけて作り上げてきたことを否定されていくように感じたらしい。

たしかに私は趣味の会に入りながら、まるで会社の効率化と同じような発言をしていたのだ。趣味の会では効率とか合理化よりも、前からいる人たちがきちんとした居場所を持って活動できることが大切で、私はいわば彼らの面子を無くしたのだ。これはやってはいけないヨコ社会の掟を破ったことであり、その報いは甘んじて受けるしかない。また趣味の会とはいえ、やはり人間の深層心理に競争心があるのは隠しようがないと見受けられた。いわばリーダーシップ争いでもある。ヨコ社会でタテの論理がないから個人が自己主張し始めるときりがない。新参者に主導権を奪われるようなことは前からいる人たちにとってはとても耐えられなかったのだろう。

引き止めてくれる人もたくさんいたが、私は静かにその団を去った。そして、既存のインナーサークルが触れてほしくない点に口出しをすると趣味の会には居にくいものだとしみじみ感じた。生活の知恵として、つきあいには一定の距離感を持ち、それほど密着せず、大人の関係を保つこと、すでに存在する小グループには彼らだけの歴史があるのだから新人は事情がよくわかるまではあまり積極的に関わらない、などを学んだ。

また、多くのメンバーが集まれば自然にいくつかの仲良しグループができ、それは「懇親を重視したい人たち」の場合もあれば、「技術向上に熱心なグループ」のときもある。年配者の多い団では個人による力量の違いが大きく、人によっては聴力が弱り、記憶力も落ちているから、発表会で譜面を見ない暗譜で歌うことにはついていけない人もでる。高いレベルの音楽を目指す人にとりこれは困ることだ。しかし、一方では友達つくりに関心が高い人もいる。こうした団員ひとりひとりのレベルや問題意識の違いなどから団の目指すべき姿をめぐる、いわば「路線論争」がつきまとう。どのメンバーも対等だから結論の出し方はむずかしい。この争いが激しくなると、退団者が出たり団が分裂することもある。しばらく合唱団に属していると、こうした内輪話をよく聞くようになり、趣味の会だからといって天下泰平というわけではないことを実感する。

ただし、合唱はすでに生活の一部となったので、再び似合いのところを見つけて現在も活動している。今度はこれまで学習した経験を生かし、あまり張り切らず、急がず、純粋に音楽の喜びを追求することを中心に息長くやって行こうと思っている。上下関係がない趣味の会ほど、仲間と上手につきあうには会社とは違った気遣いが必要だと痛感している。

先遣隊員のつぶやき

地域社会など会社を離れてヨコ社会に自然に溶け込むためには、名刺や肩書きのないつきあいに早く慣れることだ。誰でもそれまでの人生に多少の誇りはあり、それを捨て去るようなさびしさもあろうが、ここは切り替えが大切なところ。会社ではこうだった、という話題は絶対に禁物だ。「普通のおじさん」にいかにして早く徹することができるかが、定年後、新しい世界に飛び込めるかどうかのポイントだと思う。その点、地域生活の長い「おばさん」はそういう生活の知恵を良く知って行動していることに感心した。

老人ホームでも一番嫌われるタイプは、昔はこんなに偉かったということが忘れられない大企業や官庁出身の人で、逆に職人さんなどは気楽に内輪の仕事を手伝ってくれるから非常にもてるという。何となくよくわかる話だ。

三　「旅に出る」ための四条件

旅の魅力はすばらしい。それを月並みな言葉で表現するのは野暮なことだ。日常の生活から離れ、見知らぬところに行き、見慣れない風景や人々に接することは、それが国内旅行であれ、海外旅行であれ、あるいは長旅であれ日帰りの気軽なものであれ、いずれも非常に刺激を受けるものだ。人間には、未知の世界を彷徨《さまよ》いたいという放浪の願望があるのではないだろうか。何物にも束縛されず、自由に心の赴くままに行動するということ、それは生物としての本能かもしれない。そういうことは、会社人間をしている間はとても無理だが、退職後、特に制約がなく自由に動けるときがくればやろうと思えばできるのだ。「遠くへ行きたい」という歌ではないが、「旅に出る」ことは永遠の「もっともっとしてみたい」ことだ。

第一の職場に健康管理センターというところがあり、その先生は老後を上手に過ごす秘訣としていくつかの項目を挙げたが、その中のひとつに、「年に一度くらいはまとまった旅行をすること」という項目があった。これは同感だ。毎日同じように過ごすのではなく、時には日常から離れることで適度な緊張感や心のときめきを感じ、準備作業を通してシステマチックな計画作りを経験するなど、頭脳を刺激する貴重な機会だろう。

ただ旅行は多くの人がそれぞれに楽しんでいるだろうし敢えてここで趣味の独立項目として記すのは適当でないかもしれない。自己紹介の欄に「趣味」とあると、「旅行、読書」などと書く人は多く、それくらい一般的なことと思うからだ。しかし、「やり残したことをもっと本格的にやりたい」という点では、旅行ほどそれにふさわしいことはない。未知のところに行くのが無性に好きな私にとって、いろいろなところにもっと出入りしたいという意味ではこの分野は定年後に夢が膨らむ世界だ。これまでも、夏、冬の休みや週末を利用してそれなりに旅行をしてきたが、この「定年後のプレ・スタディ」過程に入り、従来以上にいろいろな経験をし、そこからいくつかの感想を持った。

ひとつには、これからの年齢になると旅行をするにはいくつかの条件が満たされる必要がある。これまで、旅行は「金」と「時間」という二大条件が許せばいつでも可能なことと思っていたが、定年以降になるとそれだけでは不十分だ。さらにふたつの要素が必要となるのではないだろうか。それは、「自分の身体が元気なこと」と「親の介護など遠出を妨げることがないこと」ということだ。六〇歳前後になると、足腰が悪い、高血圧や痛風がひどいという話をする人が増えだす。これからはその度合いはますます増えるだろうし、残念ながら悪性の病気にかかり遠出は無理になることもあるだろう。また自分は元気だとしても、配偶者が健康を損ねるとか、親の介護問題が深刻になったら、のんびりと旅行にでかけるわけにはいかないだろう。旅行に出るには以上の四条件が満たされることが必要だ。

ご近所を見ても、老親の介護にあたっている方は本当に気の毒なくらい行動が制約されている。気晴らしの外出もままならないことがよくわかる。とても旅行というわけにはいかないだろう。私も後述のように親の介護が必要だったときは当然そうだった。最近は妻の両親の様子がよくない。そうなると、遠出やあまり長い期間、家を空けることは気がひける。その意味では、これからは「旅行はいつでも行ける」のではなく、「行けるときにはどんどん行く」という気持ちで臨むべきだと思っている。若いときとは違い、これからは旅行をしたいと思っても、それがいつ不可能になるか誰もわからないからだ。

次に思うことは、旅行の醍醐味を味わうためには是非、運転免許証を持つべきだと思う。それがあるとないとでは行動範囲がまったく違い、あれば何倍も旅行の楽しみが拡大すると思うからだ。もちろん電車で出かける旅、業者がセットするツアーに参加することもそれぞれに良さはあろうが、面白さの中身がまったく違う。ある土曜日、朝起きて天気がよければ東京から関越道を水上まで一気に飛ばし、麓からロープウエイを使い昼前には谷川岳の上に立つことは簡単だ。運転している間は助手席に座る妻と何故か会話が弾む。

こういう日帰りや一泊程度の手ごろな旅行は車を使うのが断然便利だが、もう少し遠くに行く場合も有力な手段となる。特定の拠点まで電車や飛行機で移動して、そこからレンタカーを借りるのもよい。ある夏休み、青森空港で飛行機を降り、レンタカーに乗った。初日は竜飛崎に向かって北上し、途中で太宰治の生家を訪ね、古代二、三世紀から大陸と交流があったという安東一族の拠点・十三湖で遊び、竜飛崎で一泊した。青函トンネルの線路までトロッコで降りることができ、岬の石碑でボタンを押すと石川さゆりの歌が流れ出した。翌日は青森湾に面してくだり、反対側の下北半島に行き大間崎までひた走った。仏ヶ浦という隠れた名所まで船で行く。ここは宮古の浄土ヶ浜よりも本格的だ。次の日はまず恐山へ、そして三内丸山遺跡を見てから酸ヶ湯温泉へ。大正時代、国が初めて国民向けの指定温泉にしたというだけあり、これは本格的だ。千人風呂と言われる大きな浴槽の砂利の下から温泉が湧き出る。男女混浴だが、湯気のせいで遠くは見えない。翌日、八甲田山地を散策してから帰途についた。こんなことが三泊四日で手軽にできるのも車のおかげだ。

これからあちこちを動き回りたいと思いながら、まだ免許証を持たない方には、余計なお世話だが今から取得することを是非お勧めしたい。人によってはもう五〇歳を越したら今さら免許証を取るのは億劫だし、第一事故をおこすのは嫌だ、という人もいる。人生観はさまざまだからお好きにすれば良いが、しかし日頃運転をしている立場から言わせてもらえば、老後こそドライブが出来るか出来ないかで世界が全く違ってくると思う。

幸い、少子化で教習場も生徒の確保が課題となっている。ひところのように指導員がふんぞりかえっている状況ではないらしい。車も今はオートマチックが全盛だから、ギアを巧みにさばくことを要求された昔とは違う。先輩をみても、個人差はあるものの七五歳くらいまでは問題なく運転をしている。一方、自分で運転する必要がなかった人が六五歳くらいになって自らの足で動かなければならなくなった時、いろいろ苦労している様子を見ると複雑な思いがする。自由に時間ができる老後こそ、車を動かしながら好きなところに出入りする権利を使いたい。

一方で運転するのは疲れるからいやだ、黙って乗っていればいろいろ連れて行ってくれるのが良い、と言う人のためには、世の中にはたくさんのパッケージツアーがある。年間を通して多数の客を送り込むせいか、ややもすると個人で予約するよりはるかに安く、かつ宿側もその団体客を個人客より優先するようなところがある。おかしな話だが、集客する側の論理としてはそうなるのかもしれない。パッケージツアーでは自分で運転することに比べ、訪問先はずっと多彩になるし、地元のガイドの話を聞いていると物知りになることを請け合いだ。ここは隠れた見どころ、という場所も紹介してくれる。ＪＴＢの「旅物語」、近畿日本ツーリズムの「クラブツーリズム」など、インターネットから申し込んでおけばメールマガジンがどんどん案内をくれるし、月刊誌を送ってくれる。団塊の世代の退職期を迎え、旅行会社は大いに張り切っていることを感じさせる。

ただ、パッケージツアーは見知らぬ方と一緒なので、そのときどきで運、不運を味わうかも知れない。友人の中には一緒に参加した初対面の人たちと意気投合して、帰ってからもお付き合いを続け、また別の旅に連れ立って行くという人がいる。そうかと思うと、参加者の中に自分勝手な人がいて、景色はよかったがどうも不愉快だったという話も聞く。自分の経験でも、集合時間に遅れて迷惑をかけながら、まったく気にしない人がいて不愉快だった。また自分はどこに行った、あそこにも行ったなどと自慢話をながながと話し続ける人がいて困ったことがある。旅行にまで行ってそういう人に調子を合わせるのは本意ではない。パック旅行には、そういうメリット、デメリットがあることを承知して参加しないといけない。

海外旅行についてはここでは省くが、短期間の旅行ではなくより本格的な体験というとロングステイではないだろうか。二、三週間から三ヶ月くらいまでの逗留は根強い人気があるらしい。日本が寒い間、暖かいオーストラリアやスペインの海岸で過ごす人が増えていると聞く。一般に現地の物価が安く、日本の年金があれば生活できることが魅力の一因だろう。比較的安全なところを選び、寒い冬を暖かいところで過ごすことには関心がある。現地事情などは「日本ロングステイ財団」に照会すれば、詳しい資料を入手できる。

いろいろ記したが、どんな形であっても旅はよい。旅行に配偶者と一緒にでかけると、普段と違い旅先では良く会話が弾む。やはり変わった風景、美しい景色など見れば、共にその喜びを語りたくなるのは人情で、とかく会話不足の熟年夫婦にとっては良い機会となる。しかし、好きなときにいつも旅に出かけられるわけではない。先に記したいくつかの条件が満たされることが必要で、それは決して簡単なことではない。通常は限られた機会を有効に生かせるよう、日頃から情報収集に努めておいた方がよいだろう。

先遣隊員のつぶやき

「行けるときにどんどん行く」という観点から、海外旅行も時差が大きく行きにくいところは体力があるうちに早めに出かけたいものだ。そして、国内、海外問わず、出かけた先での健康管理が大切だ。暴飲暴食をして結局ホテルにとどまるという愚かなことはしたくない。時差が少なく、物価も安めのアジアのリゾートはお勧めだ。

「田舎暮らし」はある意味では究極のロングステイということだろうか。地域社会になじめるか、家族（奥さん）の同意は得られるか、など課題は多いだろうが、これも「本当に田舎が好きな人」にとっては有力な定年後の選択肢だろう。

四　付け焼き刃の趣味には辛さもある

山の会は本格的だった

山に登る、……これも非常に魅力的なことだ。昔、学生のころ、決して本格的な登山ではなかったが、時々気が向いたときに、尾瀬の燧ヶ岳《ひうちがたけ》や会津の磐梯山、安達太良《あだたら》山などに登った。そのときの爽快さは忘れられない。暇が出来たらまた山登りもよいだろう。そんな思いでいるときに、これも区報でとある山岳同好会を知った。電話をすると翌週、月例会があるから来ないかという。それまでにホームページを見ておいて下さいと言われ、数日後、会報が送られてきた。

それらを読むと、なかなか本格的だ。もちろん、初級者用のハイキング的な企画もあるが、大半は二五〇〇メートルから三〇〇〇メートル級の山に挑戦した話が載っている。ちなみに二〇〇三年の活動実績を抜粋すると、三、四月に谷川岳、上州武尊《ほたか》山、妙義、天覧山などあり、五月の合宿は雲取山、御岳《みたけ》山、水根沢（沢登り）などとある。夏は朝日連邦、谷川岳、北アルプス雲ノ平など、秋、冬は赤石岳、聖岳《ひじりだけ》、裏高尾、双子山、尾瀬荷鞍《にくら》山と続く。レベルはいろいろあるが全体にかなり高そうだ。

しかも、予算を浮かす為か、夜のうちに麓まで車で移動して、車内（またはテント）で仮眠、夜明け前に登りだし昼前には登頂するという。これは昔流に言えば、ワンダーフォゲルではなく山岳部の世界で、素人の私にはやや厳しいという感想をもった。会費は遭難保険代の積み立ても含め月に五千円、会員は約四〇名、男女約半々とされていた。送られてきた会報には参加者の達成感あふれる投稿がたくさん書かれていた。

とりあえず月例会をのぞきに行った。団長、幹事からの報告事項、向こう半年くらいの活動計画が示されしばらく話があったが、すぐ席を変えて駅前の居酒屋で懇親会。こうなるともう山男の世界で、これまでの登山の話が延々と続く。最近入った人には女性陣が多く、彼女たちも活発に話していた。雰囲気は悪くない。おそらく本気でやったら楽しい世界だろう。

ただ、学生時分からみれば二〇キロ以上体重が増えた身体は、その頃と比べていつも二〇キロのバッグを背負って歩いているようなものだ。数年前久しぶりに尾瀬に出かけたが登るのが非常に辛かったことを思い出す。また、日本百名山など何かと登山が有名になったこともあり、最近は朝、どこの駅でもリュックサックを背負ったシニアの姿を目にする。あまり猫も杓子も同じ様なことをするのは何となくひっかかるものもある。加えて、当然だが活動は土曜、日曜が多い。週末は合唱など何かと行事があり、あれもこれもは出来ない。そんなこともあり、この会は大変熱心に誘っていただいたが丁重にお断りした。いまだ魅力は感じているが、中途半端な気持ちではできない。素人レベルの趣味人としては、難しい局面だ。

一坪農園は良い体験だが

裸になった木々から春になっていっせいに芽が出てくるのを見ると、自然の生命力を痛感する。夏は溢れるばかりの力で葉を広げ、思い切り栄養を補給しているようだ。そして、秋の訪れとともに次第に紅葉が始まり散っていく。古来より、もののあわれとはよく言ったもの、木々を見つめていると思うところはいろいろある。庭師は木も動物と同じ様に可愛い、可愛いと撫ぜながら育てるとよく育ちますよ、という。また、素人はとかく水をやりたがるが、秋から春までは不要、どんなにカラカラの気候でも自分で水を吸い込む力を養うように鍛えないといけないのです、という。

植物を相手に過ごすことは自然に接することで、気持ちがよい。それなりのスペースを持つ人はそれなりに、ない人はマンションのベランダに鉢植えや盆栽を育てるなどそれぞれに楽しんでいるように見える。ペットが動く生き物とすれば、草木もまた確かに成長する生き物だ。四季の移ろいを見つめ、植物を育てる楽しみは格別だ。

一坪農園で野菜を育てることの楽しみもそれに通じる。私の住む練馬区では休眠農地の活用として、あちこちで一坪農園を貸している。名前は一坪農園でも実際の面積はその倍くらいはあるだろうか。夏場には本職顔負けの格好をした夫妻が野菜の手入れをする光景によく出会う。貸し出しは一年単位、区に申し込むと抽選があり、当たるとその連絡がくる。ある年、試みに借りて野菜を作ることにした。

せっかく作るので、無農薬でやろうということになった。本来は種を植える前に土壌を改良しておかなければならない。土をよく掘り返し、石灰を混ぜ腐葉土などを底にして、うねを作り土を細かく砕いておくことが必要だ。ただ、初めての経験だったためこうしたことはあとで知った。そのうえ、抽選に当たったという連絡がきたのがギリギリの時期だったこともあり、残念ながらあまり十分に事前準備ができなかった。これは最後までたたった。

近くの園芸店で野菜の苗を買った。トマト、きゅうり、茄子、隠元、ピーマン、しし唐などだが、それぞれ一本一〇〇円から二〇〇円程度で値段は安い。植える前から取れたての赤いトマトに塩をふって丸かじりすることを考えていた。子供の頃そうして食べたトマトが本当にうまかった記憶が鮮明に残っている。また、きゅうりもポリポリと丸かじりしたいし、茄子は焼き茄子にして鰹節をふりかけ、それをつまみにしながらビールをぐいといく、などと取らぬタヌキの皮算用は続いた。

さて、しかし、……野菜作りは思った以上に難しかった。おそらく農薬を使えば楽だったのかもしれないが、生真面目にそれを除外したためか、害虫がたくさん付いた。小さな虫を見つけるたびにとるが相手はいくらでも出てくる。また、水遣りもそのタイミング、量など簡単ではない。やりすぎるとひ弱になるが、不足すれば当然元気がなくなる。また、品種によって、花をつけた段階で一定の摘心、つまり間引きをしないと大きなしっかりしたものが取れないことを後で知った。そして野菜はよく病気になる。トマトもうどんこ病に苦しみ、名前はわからないが底が腐っていく病気にもかかった。生きものを育てることはなかなか大変だ。

それでも、あれよあれよという間に大きくなっていく。雨が降ったりすると支えきれずに倒れてしまうので、支えの棒を立ててやる。そして、実がなり始めると一気に集中する。しし唐は素直に育つのか、あまりにも一杯出来すぎて困った。茄子もはじめの頃は順調によく出来て、念願の焼き茄子は十分楽しむことができた。問題のトマトだが、経験的にはこれが一番苦労した。採れたことは採れたが、そんなに凄く新鮮でうまい味ではなかった。おそらく、失敗だったのだろう。

この農園は家から三〇〇メートルくらい離れたところにあったが、これを続けていた季節は朝、晩となく自転車で通った。自然に早起きが身につき、日差しに当たる時間が増えるから、腕や顔は真っ黒になる。他人からは海水浴にでも行きましたかと聞かれるがそんなものではない。ひとシーズンやって、農園作りは面白いが何事も本格的にやるのは大変だと思った。定年後のプレ・スタディとしては良い経験だが、本当に好きでないと長くは続けられない。

「耽溺派」と「いろいろ派」

趣味の会に参加して感じたことは、極端に言えば人間は二種類に分かれるのではないか、ということだ。それは、ひとつの趣味に耽溺できる人と、そうではなくいろいろ経験したい人だ。

私のような無芸大食の人間には未知の世界だったが、耽溺派の方々の入れ込み方にはすさまじいものがある。「その道」を各人各様に深く掘り下げて楽しそうに過ごしている。合唱関係でも本当に好きな人は三、四の団にかけもちで加入していて、忙しそうに日程をやりくりしている。他の団の定期公演に助っ人として参加する人もよくみかける。オペラの話を始めたら止まらない人は多いし、個人の発表会を開くことを生きがいにしている人もいる。中にはCDに自分ひとりで四パートの歌声を入れ合成して作ったオリジナルCDの合唱を楽しんでいる人もいた。ゴルフに本格的に入れ込んでいる人にとっては、日常の生活は週末のゴルフのためにあるようだ。平日の夜はランニングで基礎体力作りをし、日曜日は毎週のように同好の仲間と競い、月曜日はスポーツマッサージで身体をケアし、何曜日と何曜日は練習日にしていると、とくとくと話す人がいた。彼にとってはそのように一週間を過ごすことが何にも増して生きがいなのだろう。

また若い頃からずっと蝶の収集に凝っている人も知っている。酒も飲まず煙草を吸わず、しかし休みの度に近隣から遠方まで、高山から離島まで、虫取り網を持って出かけていく。時には飛行機に乗って。まさに少年の境地そのものだろうか。先般出版された残間理恵子氏の『それでよいのか蕎麦打ち男』では、高価な道具を買い、貴重な材料を求め、凝りに凝って蕎麦を打つ男性像が描かれているが、これもそのタイプだろう。

この「ひとつのことに徹底できるタイプ」はある意味では何かと人生が過ごしやすく、得な性分だと思う。余計なことを考えず、好きなことに打ち込める。しかも、趣味の世界ではどこに行ってもその世界に一番くわしい人、技術力が高い人が結局大きな顔をしている。特定の趣味をきっかけとした人間関係だから、それは当たり前のことだろう。本人はあまり気がつかなくても、そういう人は精神衛生的にも快適な時間を過ごしていることになる。

社交ダンスの項でふれた先達は、第二の人生に入り十五年、ダンスの道を研鑽し、今は教習所の師範代になっていると記した。この方は毎週末、各地で行われるダンスパーティに参加し、女性にとって踊りやすいパートナーとなることに喜びを見出している。「貴方と踊ると、踊りやすく楽しかった」と言われるのが無性にうれしいと言っていた。おそらく社交ダンスについてのうんちくを書かせたら、立派な書物ができるだろう。ことほど左様で、このような例はいくらでもある。プールに行けば頼みもしないのに泳ぎ方を指導したがる人がいるし、山の会では山男の喜びをひたすら語り続ける人、そして近所の主婦を集めて自分の得意なウクレレを教え、悦に入っている人もいる。それぞれ、自分が没頭できる世界を持てる人は幸せだ。見方を変えれば、よくそれほど特定の世界だけで満足できますね、とも感じるが……。

これに対し、私のような広くいろいろなことをやってみたいというタイプは、趣味の世界では居心地がもうひとつ良くない。好奇心が旺盛で関心対象が多いといえば聞こえはよいが、悪く言えば気が散りやすくひとつのことに熱中できないということになる。ただ、これも持って生まれた性分だから如何とも仕方ない。当方としてはいろいろな世界を垣間見て、次第に自分に向いた分野を絞っているつもりだが、非常に得意な分野が短期間にできるはずはなく、どこに行っても先達の後塵を拝することになる。どこでも新参者であり、くわしい人についていく立場が続き、それに徹することは正直なところかなりの自制心を必要とする。できればひとつくらい得意なものがあったらよかったのに、と思ったものだ。世の中、未知の新人には親切な人は多いからそれ自体が問題ではないが、可能であればもう少し早い時期から何かに取り組んでいた方がよかったと思った。

ただ、今それに気付いただけでもまだ良いほうだ。何もしなければそういうことすら気がつかなかったかもしれない。その意味では現在仕事人間の人たちも、時間を作って多少は何かに取り組んでいた方が先行きおもしろいのではないかと余計なことを感じた。どの道も短期間できわめることはできず、それなりの時間が必要である。付け焼き刃の趣味にはそれ相応のむずかしさもあることは否めない。

加えて、グループで行う趣味の会では、どんなところでも練習後に簡単な親睦会を行うことも知った。そういう場で、共通の趣味について語り合うのも会に参加する大きな誘因になっていると思う。ところが、私のようにいろいろやっていると、翌日は早朝から別のことがあるから、と言い訳をしながら不参加になってしまうことがよくある。これは他のメンバーにとってはあまり愉快なことではないようだ。どうしても、特定のことにどっぷりつかる人の方が過ごしやすい。

個人的に興味があるのは、この「耽溺派」と「いろいろ派」の比率がどのくらいか、ということだ。周辺を見渡す限りでは、何かの会に来る人は耽溺派がやや多いようで、特に仕事はもう十分やりつくした、思い残すことはないという人がそのようだ。「いろいろ派」はいわばまだ実社会から成仏しきっていなく、更なる生きがい探しに乗り出しているということだろうか。「耽溺派」と「いろいろ派」が、それぞれの特徴を生かして相互に刺激しあえるようなサークルができれば、より望ましいと言えるだろうが……。

第4章

誰かの役に立ちたい

第二の職場に移り時間ができてから、興味のあること、一度はトライしたかったことに挑戦したことについて記してきた。その中には、合唱、楽器のレッスン、ゴルフなどすでに一定のリズムで私の生活に定着しているものがある。そのほか、本当に定年になり現在以上に時間ができたらもっと本気でやってみたい社交ダンス、囲碁、旅行などについても一定のイメージができた。個別に記したこと以外にも、中国語、スペイン語を学ぶなどいろいろ手がけてみた。しかし、個々の経験を記すのが本書の目的ではないのでこの辺でひと区切りとする。

さてしかし、いろいろと体験したが何となくすっきりしない。趣味の探訪を続ける中でこれまで知らなかった世界が広がり、以前にくらべてたしかに生活の幅は広がった。そのこと自体は良かったことだ。しかし、だからといって、それだけで充実しているという心境にはなれない。本当に退職生活に入り、いくつかの趣味を深めるだけで毎日が満足できるだろうか。どうもそういう気持ちにはなれないのだ。ひとつには私が特定のことに没頭していれば満足するというタイプでなく、前述の区分でいえば「いろいろ派」で幅広く経験したい、言わば気が多い性質のためもあるだろう。あるいは不幸にしてのめりこむほど好きな世界に出会わなかったこともある。

そして、いろいろな趣味を経験するとやや複雑な気持ちにもなる。定年後というのはみんなが何か趣味をみつけそれで時間を過ごす、そんな定番のようなことをする必要があるのだろうか。こういうメニューがそろっていますと言われてそのコースをまたたどっているのなら、結局またお仕着せの人生を送ることになるのではないか、と。そして感じたことは、趣味の世界はしょせん趣味の世界なのであり、それ以上のものではないということだ。何か物足りないのである。

それではどうしたいのだろうか？　やっぱりまだ実社会との関わりに関心が強いのだ。「趣味」といういわば一種の隠居暮らしではなく、もう少し現実の生々しい社会に直接つながっているという感覚、それが欲しいのだ。

健康で元気な間は、社会との接点を持ち、できれば何かに貢献していると実感できる生活を送りたい。そういう心境になってきた。「欲求（ニーズ）の階層論」を説いたマズローによれば、人間の究極の欲求は自己実現の欲求にあるというが、おそらく世の中や誰かの役に立っていると感じられるときはそのニーズが満たされているのではないだろうか。しかも、それはとくに大それたことでなくても、身近なテーマでも良いはずだ。そんな気持ちから、趣味とはやや趣の違った世界を探訪し始めた。

一　海外シニアボランティア

せっかく海外経験があるのだから、それを生かして退職後にできる社会貢献はないだろうか？　その観点から言えば、「国際協力機構（旧国際協力事業団）」（ＪＩＣＡ）が主催する海外シニアボランティア活動がふさわしいと思えた。青年海外協力隊は長い歴史があり著名だが、最近は世相を反映してシニアボランティアも活発化している。元気なシニアが増え、また発展途上国が必要とする技術はむしろシニア世代の人が豊富に持っているという背景もあるためだろう。たとえば、建設機械、繊維機械、工作機械など各種の機械操作や道路作り、治水、灌漑、防疫、その他、日本の経験者は現地では貴重な存在だと言われる。

また派遣される本人としても日本では過去のものとなった技術が、現地で瞳を輝かせた若人たちが熱心に学んでくれることは非常に生きがいを感じることだろう。私もアジア勤務をしていた頃、出入りした各地で、メーカーを定年になった人が個人的にもう一度戻っているケース、あるいは勤務中に先行きを見越して転職したケースなど、現地で元気に働いている人たちによく出会った。彼らは非常に活き活きと活躍していた。

シニアボランティア制度はこういう需給のマッチングをめざした良い制度だと思った。

それでは具体的にこれに参加するにはどうすればよいのだろうか？　ホームページでひと通りのことを調べると、毎年、春、秋、二回募集があり、その説明会が全国各地で行われている。東京では六月のある日、新宿西口、安田生命ホールで行われるというのでこれに参加した。ホールは数百人が入れるような大きさだったがほぼ満席で、関心の高さを感じた。詳細な資料が配布され、事務局が制度の概要、待遇、申し込み手続きなどを説明する。そのあと、実際に行ってきた二人の体験談があり、またビデオで何人かの現地からの報告があった。

体験談はおもしろかった。二人とも現役時代に海外勤務をしたことがなく一度外で仕事をしたかったという、グアテマラとラオスに行っていた人たちだった。年齢は六〇代半ばで、仕事の内容は給水制度を作るアドバイザーと、もう一人はこの制度の派遣国での窓口役というやや行政的な仕事だった。一度行くとリピーターになる人が多く、何度も行く人が相当数いるらしい。かなり魅力があるのだろう。派遣先は中南米、アフリカ、アジア、中東、それに旧ソ連からの独立諸国（ＮＩＳ諸国）が多く、職種は技術系が大半、文科系は行政関連が多く、財政制度作りや地方行政に関することなどが目についた。私のキャリアである金融を見ると、カザフスタンで銀行制度の講師というのがあった。対象は現地の銀行員向け、どちらかというと実務そのもので伝票の作り方、勘定の合わせ方などと記されていた。

　待遇については、給与は出ないが手当てという名目で現地生活に必要な実費は支給されるという。一番注意しなければいけない点は健康状態といっていた。たしかに派遣先は衛生状態がそんなに良いわけではないし、いざ病気になると困るのだろう。また、これはどこでも同じだろうが、性格的にオープンで誰とでも気軽につきあえることが大切であること、できるだけ夫婦同伴で行くことを勧めると言っていた。実際は奥さんが嫌がるケースが多いとも聞いたが。応募者は数十項目ある「求人」ポストから自分の希望するものを決めて応募する。競争率は項目によって異なるが、どれも四、五倍は当たり前とかでかなり倍率は高い。

　じつは友人がこの制度に応募しウズベキスタンの首都、タシケントの学校で金融について教えている。一年コース、二年コースがあり、彼は二年コースで行った。現地人の意欲が高く、また親日的な国でそういう面では気持ちよく過ごしていると聞いた。ただ、まだ英語を話す人が少なく、本人が話す英語の講義を通訳がロシア語に直し学生に伝え、質問はその逆をたどるため、言いたいことが正確に伝わっているのかわかりにくく隔靴掻痒の感がつきまとうらしい。また、この国は現政権の独裁性が強く、近年、民主化を求める勢力との間に内紛が続き、あまり国際社会には伝わらない暗黒の部分があるという。このため現地にいると何かと危険を感じることが増えてきたともいう。そういう意味では手放しで勧めるというわけにはいかないと強調していた。

どの国でも、当たり前だが通勤方法は現地人と同様に一般のバスなど公共手段を使う。ウズベキスタンのような独裁国家という特殊性がなくても、近年、世界各地がテロ問題などから不安定な状況にあり、金満国家、日本人を狙い撃ちにした犯罪は多い。そういうリスクをどう防ぐかという現代的な課題が生じているようだ。また日本の財政悪化を受けて、待遇面も、従来にくらべ住宅手当が減額されるなど悪化しているらしい。この制度全体が、あるいは少し曲がり角に来ているのかもしれない。

また、国際協力機構（ＪＩＣＡ）の制度で類似のものに「派遣専門家登録制度」があることもわかった。これは特定分野に高い能力を持つと思う人があらかじめ自分の特技、技能を登録しておいて、途上国から具体的なニーズがくるとＪＩＣＡの職員がマッチングして似合った話を紹介してくれるという。シニアボランティアがいわば既製服の世界なら、こちらはセミオーダーくらいに個別対応がなされる感じだろうか。大学卒業以上の学歴があり、ＴＯＥＦＬ、ＴＯＥＩＣなどの語学試験の成績を重視すると言うから、シニアボランティアよりやや本格的な感じがする。

どちらの制度もニーズは技術系が多く私のような文化系の人間にはそれが難点だが、それでもその気になって機会を探せば条件に適する求人がないことはないだろう。この世界も退職したあと経験するには格好の分野のひとつである。ただ、本質的にはボランティア活動だから既述のようないろいろ不都合も多いだろう。それを承知の上で、あえて飛び込みたい人でないと務まらない。日頃から健康管理に注意し、たくましい肉体、精神を堅持することも大切な前提条件となるだろう。

外国人に日本語を教える

このシニアボランティアで多い代表的な求人に日本語教師がある。アジアや中南米など日本語を学びたい人はたくさんいる。しかし、来日して学べる人は例外で、多くの場合、自国で日本語を独習し、つたない言葉を使いながら必死に生きている。この人たちにシニアボランティアとして日本語を教えられたら非常に意義深いのではないだろうか。

一九九〇年代前半、四〇歳代半ばで香港に駐在し、アジア各地に出張する仕事をした。そのとき、発展途上国の人々が「明日は今日より良くなる」ということを確信し、今は物がなくても、お金がなくても、明るく元気に過ごしていたことは非常に印象的だった。まさに私たちが昭和三〇年代に感じた世界、映画『三丁目の夕陽』が描いたメンタリティそのものだ。今の日本人にはなかなかわかりにくいかもしれないが、海外にはそういう人たちがたくさんいる。今後、リタイヤーした後に、いろいろな機会をとらえて日本語を外国人に教えることは自分にとってやりがいのあることではないかと改めて感じた。この気持ちが強まり、日本語教師の養成講座に関心を持った。これを学ぶにはどこに行ったらよいのだろう。調べてみると、東京中央日本語学院、千駄ヶ谷日本語教育研究所などの専門学校や拓殖大学をはじめとする大学のコースなどいろいろあったが、私は料理教室でなじみができた朝日カルチャーセンターに行ってみた。

日本人が日本語を教えるのだから比較的簡単なことかと思っていたが、実際は本格的に勉強をしないとその資格はとれない。履修時間は四二〇時間が目途で、必修一七科目がある。それは日本語概論、言語学概論、文法、語彙、表記、日本語教授法、言語と社会、異文化コミュニケーションなどの科目だ。徹底的につめて短期間で習得する人以外は通常三年くらいかけて取得するケースが多いと聞いた。私は試みに日本語概論と文法Ｉという入門的なコースを取った。受講者は若い人と中年以上が半々くらいで、男女比率は男一対女三くらいの割合だった。若い男女は海外青年協力隊などに行きそうな感じだったし、中年以上の女性は子育ても終わり何か心に期するところがあるように見受けられ、男性はおおむね私と同じような動機で受講しているように思えた。

さて、講義であるが、講師は日本語学を専攻した大学の現役教授で四〇歳前後の女性だった。平日夜と土曜日に二時間二〇分単位で行われた。内容は発音ひとつをとってもなかなかむずかしい。同じような母音でも世界中にはいろいろな表現の仕方がある。将来の受講生を意識してか、スペイン語圏の発音とはどう違うとか、この音は彼らには出しにくいなど具体的な話が続く。文法も現代日本語はこれほどむずかしかったのかと思うような講義が続く。これまで知らなかったいろいろな活用形の話が続いた。先生は気合が入っているので小テストもするし、教室ではどんどん当ててくる。次回までの宿題も出るので、しっかり準備していないとたいへんな恥をかく。何を学ぶにも本気にならないとついていけない。

この制度は一度取得した科目は数年間有効なので、一気に全科目を取らなくても順番に取得していけばよい。私の狙いは、教授内容はどの程度のものか、どんな内容かを見定めることだったので当面は二科目で止めた。いつでも再開できる状態にしてある。シニアがボランティア活動をするには格好のテーマと感じる。

二　若い人を育てる喜び

年齢を重ねると若い人たちにいろいろ伝えたくなる。若さは何といっても最大の魅力だ。

失ってみて初めてその価値がよくわかる。その無限の可能性を持つ若い世代に対し、自分が経験してきたことを少しでも役立てることができたら、さぞ充実感を感じることができるのではないだろうか。甘いかもしれないが、そういう気持ちは強い。

それは具体的にどんな場で可能だろう？　ＮＰＯやＮＧＯの話をよく聞くが、身近に感じるのは教育の現場に参加することだろう。ただし、最近は誰もが大学に入れる時代となり、成り行きで入学してきた学生も多く、教室では携帯電話や私語が横行しているという。あなたの思うような世界とはかけ離れていますよ、と言う人もいる。しかし、それは講師の話に魅力がないためではないかなどと勝手に解釈して、この世界を探求することにした。

近年、大学が多数誕生しているが、一方、学生数は減少していて大学間の生徒獲得競争は非常に激しいらしい。そうした中、いわゆる旧来イメージの学究肌の先生もさることながら、実業界でそれなりの経験をしてきた人材を講師陣に迎え、活性化を図る動きがあるようだ。また、ＴＬＯ（技術移転機関）などの産学協同路線も定着しつつあり、各大学が特色を出すために民間人から適任者を募るニーズは高いとみられる。

インターネットでそういう求人はないかと探してみると、「研究者人材データベース」など常時一〇〇件以上の具体的な求人がある。問題は採用側がどういう基準で選考しているかだ。そんな話を同様の関心を持つ友人と話していると、彼の知人を通して入手したというある大学の内規を見ることができた。それによれば、おおよそ左記の基準があり、最終的には当然ながら人物次第ということらしい。

採用に当たっての検討項目は、①著作、②論文、③学会発表、④学位、⑤公的資格、⑥研究歴、⑦教育歴、⑧留学歴、⑨企業経営歴、などでそれぞれに一定の配点があり、全体合計点が五〇点以上なら教授、三〇点以上なら助教授、二〇点以上で講師、などとなっているらしい。

したがって、この世界に関心があるなら、各項目で実績を残すことが前提となる。たまたま第一の職場時代に米国でＭＢＡ（経営学修士）を取得する機会があったので修士の資格はある。長年、多くの企業経営者と接してきたので、学生を対象に「起業のポイント」とか「実践に使える経営学」などといったテーマで思うところを論じることもできそうだ。しかし、自分勝手にそう思っていてもそれだけでは不充分だろう。何か形にして示す必要がある。そこでこれまで縁がなかった学会に入り基本的な活動から始めてみようと決めた。このとき「学会」というのは日本学術会議に登録している団体のことと知った。

ところで私が学会の会員になれるのだろうか？　資格審査はどうなっているのだろうか？　こんな疑問を抱いたが、それは杞憂だった。何の団体でも会員数は少ないより多いほうが良いらしい。学会に入る場合、既存会員に紹介してもらい若干の著作を提出すればよかった。著作といっても、金融などの業界誌に投稿したものでも充分だった。そんなことで入会は了承され、しばらくすると申込書と振込み用紙を送ってきた。こうして日本経営倫理学会と国際ビジネス学会の会員になった。

これに味をしめたわけではないが、それなら他にも興味のある学会があるのではないかと思い、ＹＡＨＯＯで検索をすると、「日本比較文明学会」が出てきた。いろいろな経験からこの分野も大好きだ。こちらは誰も紹介者はいなかったが、事務局に入会したい旨を理由を付して送ると、同じような書類が送られてきた。こうして、三つの学会の会員になった。年会費はどちらも一万円程度だ。この経験からすると、どうやら入るだけならそんなにむずかしいことではなく、門は広く開けられているように感じる。

会員になると会員名簿や年間の活動予定が送られてくる。通常秋に全国大会、それ以外は折に触れ発表会や講演会の案内がくる。しかしそれは必ずしも定期的ではなく、頻繁というものでもない。この世界もその気があるならどんどん自分で道を開いていかないと単にどこかに所属している名前だけの会員になってしまいそうだ。

日本経営倫理学会はまず、入会直後に開かれた年次総会に行った。場所は三田の慶応大学で、大学の教室に入るのは久しぶりだ。集まっていた人たちは四〇人くらいいただろうか、会長の挨拶、会計報告などあり、そのあと、東チモールに赴任するという中心的メンバーが「最近の東チモール情勢」について話をした。その話を聞いて散会となる。知り合いと見られる人たちはそのあと三々五々、懇親がてらにどこかに寄って帰る様子だったが、新入りの私は帰途についた。

続いて、日本比較文明学会の案内が来た。こちらは芝の昭和薬科大学で行われた。ちょうどイラク戦争が起こった直後でもあり、イスラム文明にくわしい先生が基調報告をし、そのあと質疑応答があった。この学会はそれぞれに本格的な専門分野を持った学者が大半のようだ。講演後の質疑と言っても、発表した大先生に気をつかい、どのコメントも九割以上はまず礼賛の言葉をつらね、そのあとほんのちょっと自分の意見を言うという日本的な流儀を目の当たりにした。このときも、会議が終わるとそのまま会場をあとにするだけで、たしかにそのテーマについての勉強にはなったが、もうひとつ物足りないという感覚は否めなかった。

そんな折、本郷の文教大学で日本経営倫理学会の発表会があった。これは土曜日を終日使い、三つの部会に分かれそれぞれ一時間単位で個人、あるいはグループが発表する。私にとってはどのようなテーマについて、どの程度のレベルの話が行われているのかを知るのには良いチャンスであり、今まで以上に踏み込んだ世界を開きたいと期待して出かけた。

この少し前に米国でエンロンやワールドコムの不祥事が続いたため、倫理学会のメンバーは張り切っていた。発表テーマは「日本企業における利益処分の倫理」「ステークホールダーから見た企業評価」「医療施設における倫理面での意思決定プロセス」などさまざまな一四テーマがあった。最後は統一論題として「日本における経営倫理の回顧と展望」、これは会長などによるパネル・ディスカッションだった。

その中に、「社会監査による市民感覚経営のすすめ」というテーマで発表したグループがあり、そこでは引き続き追加メンバーを求めていますという。この話を聞いたので休憩時に挨拶をし、いくつか質問をしてみた。「自分は学者ではなくこんな経歴だがどうだろうか」と言うと、「倫理学会の参加者は大半が民間出身です、現在大学に在籍の人も民間出身者が多く、純粋の学者で実務経験がない方はむしろやりにくいところです」という。そういうことであれば私にも向いているかも知れない。話をした相手の方は商社を定年になってから五年間一橋大学の大学院に通い、最近博士号を取得したそうだ。そして、後日連絡しますという。この方から間もなくメールが入り、如水会館で落ち合うことにした。

話によると先日発表したグループは内部告発の受け皿作り（ＮＰＯ）に取り組もうとしていた。テーマには興味があるが、遺憾ながら研究会は平日の昼間三時間くらい行われるという。完全にリタイヤーした人には良いが、まだ仕事をしている私はそれに出席することはできない。そう言うと、残念そうな顔をしたが、「それなら、平日の夜やっている別の研究会がありますよ、そちらに出てはどうでしょう」と言って「企業行動部会」を紹介された。次第にわかってきたことは、学会に入るとその中で関心のもてる部会に顔を出しそこで活動することによって次第に組織に溶け込むことになるらしい。この部会に参加することは可能なので、それに加えてもらうことにした。

企業行動部会は毎月、第三月曜日の夜、市ヶ谷の中央大学大学院で行われる。参加者は二〇名前後だ。毎回、基調報告が一時間あり、そのあとフリーディスカッションが一時間ある。初参加の日はあるゼネコン関係の人が談合の実態と役所の関わりについてかなり詳細なレポートをした。そのあとの自由討議は非常に活発で司会者も発言をどう整理するかに苦労していた。考えてみれば、議論したくて集まっている人達、しかも同じような問題意識をふだんからもっているのだから、話は当然白熱化してくる。これはなかなかおもしろいと感じた。私も初回ではあったが自分なりに感じたことをいくつか述べた。

このあと、恒例だそうで近くの居酒屋でその延長戦をやった。約半数だけの参加だったが、話していると次第にどういう経歴の方々かがわかる。もとＮＨＫのディレクターだった人をはじめ、鉄鋼、化学、商社、薬品、建設、新聞社などさまざまな分野の出身者たちだ。三分の一くらいは監査役、あとの方はすでにＯＢの方たち。ただし、ＯＢと言っても、多くの人がどこかの大学の講師をしたり、本格的な教授であったり、あるいは現在、大学院に在籍中という人たちだ。女性も二人いた。ひとりは投資銀行をやめて勉強中という人、もうひとりはメーカーをやめて新しいキャリアを追求中の人だった。

この会の基調報告は原則として会員が順番にあたる。私も入会後、数ヶ月して話をすることになった。幹事の勧めもあり「海外からみた日本のコーポレートガバナンス」と題し、既述の著作『日本再生のヒント』に記したようなことを述べた。参加者の問題意識にはフィットするテーマだったようで、その後の自由討論はいつも以上に盛り上がってくれてありがたかった。いろいろ顔を出していると世界が広がっていくと感じる。

学会での活動が「若い人に教える喜び」に直結するわけではないが、ひとつの新しい世界を体験している。大学のポストは、前述の建前論とは別に個人的な人脈や知人の推薦などいろいろいわく言い難い要因で決まる傾向も強いらしい。また実際に教職に転じた人の話を聞くと、近年は学校側も人使いが荒く、週に何コマもたされることが多いという。九〇分の講義をするには何倍かの時間、準備が必要で、それが複数コースになると相当大変らしい。基本的に教職につく人は本を読むことが大好きでそれだけで十分というタイプが多いと聞くと、やはり何の世界も当然ながら片手間ではできず、この分野の「耽溺派」でないといけないのかと思うこともある。世の中には博士号を持っても教職を得ない人が多く、学校が新規の募集をすると何十倍の応募があるらしい。従って、この世界に入る覚悟があるなら、全国どこでも赴任する気持ちが必要だ、とも聞いた。

言うまでもないことだが一番大切なことは、学校で何を教えるのか、語るのか、自分なりの専門分野を持つことだろう。知人を例にとってみると、商社で米国勤務が長かった人は「ビジネス英会話」を、またヨーロッパ勤務が長かった方は「国際経済」「異文化コミュニケーション」を教えている。繊維会社で長年人事部にいた人は人事管理、能力開発を中心に経営学全般を担当しているし、法務室経験者は知的財産権を教えている。それぞれ得意な分野だけに面白い講義が想像される。

教職だけが若い人の役にたつ道ではないが、ひとつの選択肢として考えられる世界であり、かつそこに飛び込むためにはしっかりした気持ちが必要だと感じている。

三　経営者の相談相手に

金融の仕事をしてきた関係上、これまで多くの中小企業経営者に接してきた。日頃はオールマイティなオーナーたちも現実には意外に孤独なことがあり、本音で相談できる人を欲していることが多い。銀行にいたころ、特に支店長という立場だったころ、一番お客様に感謝されたのはあまり他人に言えない相談事に真剣につきあったときのような気がする。それは、例えばオーナー一族が相続問題で苦しんだとき、創業者が高齢になり従業員に迷惑をかけずに事業を閉めたいと迷っていたとき、また思い切って新事業に出るかどうかの決断を迫られた人など、さまざまだった。著名デザイナーからは「道を歩いていても以前ほど世間の人が騒いでくれない」という嘆きも聞いた。人の悩みはさまざまだ。部下や同業者に弱みは見せたくない人にとり、銀行員は適当な相談相手だったのだろう。思い起こせば、そうしたいろいろなことを話しあった思い出は懐かしい。

定年後、同じような観点から何か役に立つことはできないだろうか？　収入など得なくてもボランティアでよいのだから。何より現実の社会との接点を持ち続けることは生きがいになる。少しでも誰かの役にたっていると思えれば嬉しいことだ。ただ、会社勤めをしてきた人と、身体をはって事業を営んできたオーナー経営者とでは、発想に大きな違いがある。企業人として経験したことが中小企業の経営者に役にたつこともあろうが、あくまでボランティア精神を忘れず謙虚にことにあたる必要があると思う。いかにも「アドバイスしますよ」というスタンスで臨めば、経営者からは「世の中、そんなに簡単ではない。理屈では動かない」と叱責されるだろう。足を地につけた実直な姿勢が大切だと思う。

知人の中には現役時代に出会った経営者と意気投合してその会社の顧問になっている人

もいる。これはお互いにメリットのあることだろう。しかし、振りかえってみればかつていろいろな相談を受けたのも「支店長」という社会的な立場にあったからのことで、何の肩書きもない人間にそこまで立ち入ったことを話す人はいないだろう。それではどうすればよいのだろうか？

一般的には経営コンサルタントという職業がそういうニーズにこたえるのだろうが、そのイメージは必ずしもはっきりしない。経営コンサルタントと名乗る人は世の中に相当いるようだが、何となく本物とそれ以外が混在しているように感じる。結局、第三者から客観的に信用してもらうためには公的な資格を持つ事が自然であり、その意味ではこの分野は、経済産業省が主管する中小企業診断士の試験に合格することが一番自然なことだと感じた。

「中小企業診断士」という名称はどうも今ひとつという感じがする。お役所ももう少し現代的な名称を考えたらどうかと思うが仕方ない。さて、名前は地味であるがこの試験は調べてみるとなかなかむずかしい。世の中に堂々と「経営コンサルタント」と名乗ることを許容するのだから、経営学一般、そしてその実践に関係することを一通りマスターしていることが必要というのは当然だろう。一次試験は経営理論、経済、法律、財務・会計、生産管理、販売管理、情報システム、中小企業政策など八科目の択一試験で、合格率は二〇％程度とされる。一科目六〇分に多数の問題を解く必要があり、平均すれば一問あたり二、三分しか持ち時間がない。過去の問題をみると相当長文のものや、難解なものもあり年配者には決して楽ではなさそうだ。

二次試験は論文式で、経営論、マーケティング、生産管理、財務・会計の四科目がある。こちらは一科目八〇分だが、それぞれケーススタディで本格的な問題だ。どの問いも具体的に企業の現状を示し、その抱える問題点に対し適格な処方箋を求めている。現実のコンサルティング感覚が重視される。こちらも合格率は一五〜二〇％程度と発表されているから、一次と合わせると受験生の最終合格率は二、三％ということだろうか。何の試験も決して簡単ではない。かつては、宅地建物取引主任とか中小企業診断士という資格はそれほど難しいとは聞かなかったが、近年は「資格志向」が強く受験者が増加しておりどの試験も多くの人が応募しているためだろう。一次、二次試験で問われる内容は、難易度はともかく題材としてはアメリカのビジネススクールで学ぶことに概ね類似していて、いわばMBA（経営学修士）に準じた能力を身につけてほしいということだろう。経営学を身につけているかどうか、総括的に判断するにはふさわしい試験と感じた。

この世界の大手予備校といわれるところを訪問してみると、多数の生徒が熱心に受講していた。年齢的には三〇代、四〇代の人が多く、女性の比率もかなり高い。おそらくバブル以降、成果主義による評価が主流になり、多くのサラリーマンにとって能力を客観的に示す資格取得の人気が高まっているためと思われた。企業から自由業への転進を図る人も多いのだろう。したがって、どうしても合格者は働き盛りの年代が多く、中小企業庁のホームページによると六〇歳以上の合格者はほんのわずかというデータがあった。定年後の挑戦は決して簡単ではなさそうだが、司法試験よりは取り組みやすいだろう。やや別ルートだが、同庁が統括する全国八ヶ所の中小企業大学校に入学し、一年コースを終了すれば、同等の資格を得られることも知った。この分野はまだ本当に挑戦してはいないが、「誰かのお役に立てる」「生きた社会との接点を持ち続ける」という意味ではひとつの世界だと感じている。

近年、IT産業を中心に若い会社が多数誕生しているが、会社運営に必要な人材が必ずしも整っているわけでもなく、永年のキャリアと常識を備えたシニア人材に眼が向いているようだ。またコーポレートガバナンスやコンプライアンスが強調され、そういうことに適性のある人も見直されている。こうした環境変化を反映して、シニア人材のマッチングが活発になり、いろいろなNPOや団体が誕生している。商工会議所が主宰する「企業等OB人材マッチング協議会」ではあらかじめ登録された人材の中から企業の求めに応じて人材を紹介している。「中間法人ディレクト・フォース」や「シニアSOHO普及サロン」など「OB人材マッチング」を行っているところはホームページにたくさん掲載されている。特定非営利法人「全国取締役ネットワーク」は働く意欲と能力がある人材を、企業に推薦している機関として著名だ。頭や身体を動かして何かをやりたい人、その気がある人にとってはあちこちに顔を出していけば何か道が開けるかもしれない。

さらに他人へのアドバイスを超えて、自ら起業したい人のために、これを支援する環境整備が進んでいる。二〇〇六年五月施行された新会社法ではこれまで三〇〇万円だった最低資本金制度が撤廃され、会社設立が容易になった。二〇〇五年に導入されたLLC（合同会社）に加え、LLP（有限事業組合）の設立が可能となり、「一人起業」もしやすくなった。経済活性化のため、国は起業支援のためにここ数年ずっと力を入れており、国民金融公庫などの「創業支援融資」もいろいろある。「相談にのる」のではなく、自ら企業を興したい人に、門戸は広く開かれているようだ。ここでも問題は「それで何をするの？」、難しく言えば「ビジネスモデルは何か」ということだろう。現在の仕事の関連や年来のアイディアなど、業としてやりたいことがあれば、その種（シーズ）をよく検討し育んでおくことが望まれよう。退職後、虎の子のお金をつぎ込む以上、生半可な気持ちではとてもできない。

四　手がかりはどこにでも

ところで、誰かのためになることをしたいと思うなら、その道はいくらでもあるはずだ。どの市町村でも「シルバー人材派遣センター」があり、登録しておけばそれなりの依頼はあるという。受ける方もとくにお金を儲けるために行くわけではないし、依頼した方も気軽に頼んでいるようで、お互いに良い交流がなされているときく。

家庭裁判所の調停員としてむしろ奉仕に近い活動をしている人もいるし、家庭内暴力や引きこもりの子供で苦しんだ人が退職後、臨床心理士になりカウンセリングをしているケースもある。自然が好きで森林インストラクターになり緑の保存を生きがいにしている人もいるし、シニア問題を追い「シニアアドバイザー」(シニアルネッサンス財団が認定する)という資格を得て相談にのっている人もいる。各人各様な過ごし方だ。

さらに身近なところでは、子供たちの登下校を見守ることや、道路の清掃、駅周辺の駐輪場の整理など地道な地域活動を行っている人も多い。これから老齢化社会が加速するのだから、定年直後の世代は自分たちの町を自分たちで守る運動を率先して行ってはどうだろうか。そういうことを自分なりに考え行動することや、同じ考えの人たちとグループを組んでNPOを立ち上げることなど、ボランティアと地域交流を同時に追求できる、やりがいのあることだ。

老人問題の専門家、京都堀川病院の早川一光先生によると、認知症予防策として大切なことが五つあるという（『ボケない話　老けない話』小学館）。それは、

一　美しいものに感動する心を持つ
二　一日一回、大声で腹の底から笑う
三　読み、書き、計算
四　社会に貢献する何かをする、身体を動かす
五　「辛抱」を心がける

とされる。自分自身が元気でいるためにも、やはり誰かの役に立つ、ということは非常に意味のあることのようだ。

少し話は飛ぶが、この「人のためになる」ということはそれほど大それたことでなくても、身近な人を対象にしても充分意味があると思っている。たとえば、誰でも避けられな

いことに親の介護の問題がある。個人的な話で恐縮だが、私は五〇代前半というかなり早い段階で母がアルツハイマーになる事態に遭遇した。田舎暮らしの長い父は狭い東京の我が家に来ることはできないというし、こちらも子供が大学受験期でありどうしようかと悩んだ。しかし病状はどんどん進み三ヶ月もするうちに、母はもう私が息子であることすらわからなくなってしまった。なまじ体力はあるため徘徊を始め、医者は転倒による骨折が心配だと言う。

そして案の定、ちょっとしたことで骨折しベッドに固定された入院生活を送っているうちにまったく何もわからなくなってしまった。田舎と東京と行き来しながらあれこれ考えたが、配偶者である父が簡単に訪問できることを優先し、結局地元の施設に世話になる以外なかった。以来、五年間、母はじっと椅子に座りながら遠くをぼんやりと見つめるような日々を送り、ある日静かに最後の日を迎えた。そして、その直後、後を追うように父も去っていった。

言葉にすればそういうことだが、実際は本当にたいへんなことだった。幸い、非常に良い施設にめぐり合いスタッフの方に助けられ、この間、東京と地元を妻が車で毎週往復してくれ何とか過ごす事ができた。妻にはとても頭が上がらない。そして、日々、幼児のようになっていく親に対し最後の務めを果たしていると感じられるときは中身の濃い日々でもあった。終わってみれば、あの頃は充実していたという気持ちさえする。

去るものがいれば新しい命もある。初孫ができたときは感動した。子供の成長は早く、あっという間に二年がたち、一人前のことも話すし活発そのものだ。見るもの、聞くもの全てに興味を持ち、質問攻めにしてくる。その相手をしながら、本人のために少しは役にたっていると感じると率直にうれしい。血肉が通った人格つくりのためには若い世帯だけではなく祖父母も関わるというごく自然なことを日本人は改めて認識すべきではないだろうか。孫とたわむれているとはなにごとか（残間氏、『それでいいのか蕎麦打ち男』）と目くじらをたてることもない。ここでも、大げさなことではなく、少しでも若い命に役に立っていると感じられることが喜びなのだ。

誰かの役にたつとかボランティア活動は基本的にはやっている本人が満足していることが重要だと思う。客観的な指標があるわけではない。気軽に、自由な発想で取り組んでよいと思っている。

第5章

人はなぜ生きるのか

これまで、早晩やってくる定年に備え、そのときをどう過ごそうかといろいろ模索し、体験したことを記してきた。基本的にはすべて自分自身の体験、実談である。

さて、いろいろな世界を体験し、会社生活とは違った喜びを知ったことは貴重なことだった。今まである程度は知っていた世界をより深めたこと、これまでなかなかできなかった新分野に挑戦できたこと、ヨコ社会特有のむずかしさも知ったこと、どれも今後の人生にきっと役にたつだろう。趣味の世界を持つことによってこれまで感じることのなかった、ある種の心の安らぎを得られたことはたしかだ。自分の身体の少なくとも半分くらいは、それに満足している。定年後は自由になる時間がこれまでより増えるだろうから、それぞれの立場で何か好みの趣味を持つことはきっと意味があることだと思う。

しかし同時に、ことはそう簡単でないとすでに記してきた。時間ができて自由になって、「趣味」に明け暮れていて本当に満足するだろうか？　否、それはとても違う。趣味はどこまで行ってもやっぱり趣味の域を超えない。人間はやはり何か生産的なこと、大げさに言えば世のため、人のためになることをしたいのではないだろうか。その意味では健康で元気が続く限り人は社会との接点をずっと求めていくはずだ。格好良く言えば自己実現をしたい、ということだろう。何かを行い、それが他人に喜ばれていると実感できるとき、人は無上に喜びを感じるものだと思う。しかしまた、それでは具体的に何をどう実践すればよいのかというと簡単ではない。

社会との関わりを持ち続けたくても一定の年齢になると積極的に行動できなくなる人もいる。見知らぬ人たちの中に入っていくのが苦手な人もいる。その人たちは、あるときは焦燥感にさいなまれ、またあるときは罪悪感に苦しんでいるかもしれない。極端に言えば、何かしなければならないという強迫観念におそわれている人だっている可能性がある。しかし、長年会社で働き社会に貢献してきた男たちをそこまで追い込むことは適切とは思わない。自分なりに身近なところから、できることからやっていけば良いのではないか。大切なことは自分が納得できる生き方をすることだ。

すでに紹介した『それでよいのか蕎麦打ち男』で残間氏は、あえて要約すれば「男たちよ、退職したからといって蕎麦打ちにうつつを抜かして良いのか！　社会との関わりで何かやることがあるのではないか、孫とたわむれている場合か」と問題提起している。その気持ちもわかるが、それは少し表面的な見方ではないかとも感じる。ずっと自由人できたあなたは、長年、会社人間だった男の心のさまよえる襞まで理解しておられますか、とも言いたい。そして、「そういうことは当人たちが一番良くわかっているのです。いやむしろわが事として真剣に悩んでいるのです。ただ、そういう心境に至る過程として一度は趣味の世界を経験することも意味があるのではないですか」と言いたいのである。

そしてなお、さらに思いはいろいろ馳せていくのである。

「定年後」とは、言葉を変えれば人生の総決算、集大成に入るということだ。そう考えると、若い頃と同様に、そもそも人の一生、人生とは何なのだろうという基本的な命題が浮かび上がる。仕事をしてきた期間、人は生活をするため、生きるためにそのような問いかけを意識的に忘れてきたのだ。その意味では現実のために妥協してきた数十年とも言えるだろう。書生っぽい議論に聞こえるかもしれないが、再び考える時間ができる定年後にはそういう人間本来の問いかけに戻るのではないだろうか？

学生時代、哲学とは「人の一生とは何か、それを問い続けることだ」と聞いたように思う。以来、数十年、たしかにその問いには未だ答えられない。各人がそれぞれの人生観を持って生きているが、それはある場合、便宜上のものかもしれない。

肉体は経年劣化していても、心はそれほど変わらない。おそらく、多くの人が本音では自分の一〇代、二〇代とほぼ同じ感情をもって生きているのではないだろうか。円満な家庭生活を送っていても、魅力ある人に出会えば心はときめくはずだし、全てを投げ出して見知らぬところに放浪に出たくなるときもあるだろう。これまで、夢中で働いていたときはそういう人間としての素直な感情をどこかにしまって、よそ行きの生活をしていたのかもしれない。しかし限られた人生の総決算のときなら、もう一度原点に戻ってみることができるはずだ。といって、私は突然、火宅の人になるとか放蕩三昧をしてはどうかというつもりはない。ただ、あまり悟ったようにふるまう必要はなく、素直に自然体で過ごしてよいのではないかと言いたいのだ。

よく、老人ホームでの異性問題の話を聞く。そこでは人生の最後のときまで男女問題が真剣なテーマであり、異性を意識すると八十歳のおばあさんでも娘のように化粧をして目の輝きが違ってくるとか、特定の人をめぐり激しい争いが起こるという話を聞く。名前は出せないが、著名な画家は九〇歳を超えてもモデルと独特の交流をして創作意欲を高めたという。俗に「人間、色気がなくなったらおしまいだ」というが、それはたしかだろう。これからは、「茶のみ友達」はもとより、もう少し幅の広い「忘年の友」の世界も広がるだろう。

アメリカではＡＡＲＰ（American Association of Retired Persons）と呼ばれる退職

者の団体が数千万人を組織化している。投資資金の運用や団体保険のメリットなどのほか、いろいろな出会いの場を提供し会員間で活発な交流があると聞く。日本でも「新現役ネット」や「スローライフクラブ」など同じ様な趣旨で会員を集めさまざまな活動を始めているが、それがどれだけ利益実感ある団体に成長できるか今後の課題だろう。なにぶん、日本の男性は会社社会を離れて気軽に他人とつきあうことがどうも苦手のように思えるからでもある。

よく、人の一生は棺に納まるときに決まるとも言われる。そういう意味では悔いのないように過ごしたいものだ。ただ、これもまた一般論であり、それでは具体的にどうすればよいのだろうと問うと、一律にはいかない。人生は本当に海図なき航海で、先のことは誰もわからない。定年の直後はそういういろいろな思いが重なり、一種の精神的なモラトリアムに陥るのかもしれない。あるいは、燃え尽き症候群のようなもので、自然体に戻るために若干の時間を要するのかも知れない。

私もまた、少し早いがそういう過程に入りつつある。いろいろなプレ・スタディにより趣味の世界や適性は見出したが、それで心から満足できるかというと決してそんなことはない。繰り返しになるが、人間はやはり誰かのためになる、役に立つ、喜んでもらえると思うとき、生きがいを感じるのではないだろうか。しかし、その具体的な行動は何をどのようにしたらよいのか、まだすっきりとしたものがあるわけでもない。

いろいろあてどもなく心境をつづったが、これはいつわらざる私の心の遍歴である。定年後の過ごし方といっても定番があるわけではない。ましてどうあるべきだというものがあるはずもない。しょせん、各人各様、好きなように過ごしたらよい。そして大切なことは必要以上に身構えないことだと思う。何となく社会全体に、「退職後はこうあらねばならない」という論調も感じるが、これが強迫観念になり落ち着けない日々となったら本末転倒だ。自分の健康と立場に応じて、心の赴くままにそれぞれの人が充実していると感じる生活を送ったらよいと思う。

結局、「定年後」とはまさしく人生の総決算に向かっていく日々なのだから。

あとがき

かつてホイジンガーは人の本性を「ホモ・ルーデンス」、つまり遊びを楽しむ生き物としたが、とかく仕事に追いまくられてきた日本人が趣味を持つことは、大げさに言えば日本人の幅を広げていくことにつながるだろう。それはまた、次の日本が発展するための基礎パワーを社会に蓄積していることのようにも思える。第一の職場時代、海外勤務で外国人とつきあうことが多かったが、一般に日本人は仕事の話では盛り上がるが、その後のパーティなどで遊びや文化の話になると静かになってしまうと感じた。そんな日本人が一皮むける時期ではないだろうか。

欧米人を見ていると、彼らは次の休暇をまず先に決めて、そこから逆算して日々の行動計画を立てているように見える。働くのはそのあとの楽しみのため、あるいは先に遊びの計画があるからそのために働くという姿勢が歴然としている。しかし、と言って仕事を適当にやっているわけではない。所定の時間内の集中ぶりは非常に密度の濃いものがある。要は、生き様にはいろいろあるということだ。

ピアニストの岩崎淑さんが『アンサンブルの喜び』というエッセイ集で興味深いエピソードを

書いている。岩崎さんは仕事柄、外国人と組んで公演をする機会が多いそうだが、お国柄によって準備の仕方が非常に異なるという。日本人は相当前からどの曲を演奏するか、楽譜は誰が手配するか、練習はいつどのようにするか、ということを周到に決めないと落ち着かない。ドイツ人は日本人以上に細かく、むしろおせっかいなくらいこちらの準備状況は大丈夫かと念を押してくる。また、リハーサルでも音符ごとに演奏の仕方を入念に確認していくので息が詰まるという。ある程度、遊びの部分がないと当日の当意即妙な演奏ができないから困るらしい。ドイツ人の完璧主義は相当なものだ。

それがイタリア人になると直前まで何も決まらないことが多く、またいよいよリハーサルに入っても平気で別の曲を演奏し始めたりして、その大らかさにはあっけにとられるとか。そして、フランス人はさらに別格らしい。たとえ、どんなに日程が迫っていても恋愛が全てに優先し、愛する人とのことを最優先するらしい。しかしそのフランス人の演奏が一番良いという。国民性の違いはたしかにあり、一律に人はどう過ごすのがよいかなどとはとても言えない（岩崎淑『アンサンブルの喜び』、春秋社）。

さて、前置きが長くなったが、私たち、高度成長期をひた走ってきた世代は仕事が全て、それが当たり前の毎日だった。日本が戦後の瓦礫の中から復興し、驚異の発展をすることをわが目で確認しているような日々だった。仕事が終われば、夜は杯を傾けながら引き続き会社を発展させるためにはどうすれば良いのか、上司も部下も口角泡を飛ばして議論し遅くなって帰宅したものだ。思えば、会社が最高の遊び場だったのかも知れない。

しかし、日本社会は着実に成熟社会になっている。高度成長期は言わばハイティーンの時期だったが、現在の日本は人間で言えば間違いなく高齢者なのだ。アジア諸国が今、往時の日本のように若く活気があるとうらやましく思っても仕方がない。それは誰もが、どこもがたどる道だ。

しかし、と言って、さびしい思いをすることはない。今こそ、これまでの呪縛を離れ一人ひとりの人間が自由な生き方を謳歌するときだ。幸い、つい数世代前の日本人と違って、今は食べていくだけなら何とかなる人が多い。しかも、比較的元気で動き回れる時間が長くなっている。各人各様、自由に生きがいを求めて生きていけばよい。自分の顔に責任を持つのと同様、どのように生きるかは一人ひとりの考え方次第なのだから。

かくして、定年後にはいわばこれまでとは全く違う絵柄が見えてくるはずだ。本書では自分なりに日頃考えていること、行動してきたことを記した。会社に勤めながら何をしているのだ、仕事はまじめにやっているのか、という批判も聞こえてきそうだが、冒頭記したようになにぶん平日は定刻に終わり、週末は自由な環境にあるので、会社に迷惑をかけるようなことは決してない。あくまでプライベートな時間を使ってしてきたことだ。

そして、心の底ではずっと「定年後に趣味は生きがいになりえるか？」という問題意識を問い続けてきた。人にもよるだろうが、少なくとも私にはそれは無理だ。そのことはよくわかった。

だから、これからは充実感を覚えられる何かを考えなければならない。たまたま暇があり、適度に行動することができる立場にいる者が何を悠長なことを言っているのかと叱責されそうだが、自分としては本当にこれからの長い人生をどう生きるのかは切実な問題である。真の試練はこれからやってくると自戒している。

また、数年後には退職適齢期になる団塊の諸氏に多少とも情報を提供することができたとしたら本望だ。人によってとらえ方はさまざまだろうが、趣味の会にはそんなこともあるのか、今から心の準備を始めようか、など少しでも参考になるところがあればプレ・マーケティングをした甲斐が増す。定年先遣隊員として、あえて恥ずかしい話、個人的な話も隠さず記した意味がある。

最後に、本書の出版にあたり数々のアドバイスをいただいた花伝社の平田さん、柴田さんに心からお礼を申し上げたい。本稿は自分の記録程度の気持ちで二年くらい前に書き残していたが、お二人からこの問題意識は団塊世代などに共通するものではないか、是非出版してみてはどうかと勧められた。特に柴田編集長はご自身が団塊世代に属するため、その世代からみた適切なご意見をいろいろいただいた。こうして、その後最近までのことも新たに書き加え、今回出版に至ったものである。個人的な内容が多いので、あえてひとさまにお読みいただくに値するのか、まだ一抹の不安もあるが、ひとつの問題意識を提起させていただいた。皆様のご批判、ご意見をいただきたいところである。

竹沢利器雄（たけざわ　りきお）

1945年、福島県に生まれる。

1968年、東京大学法学部卒業。

1972年、米国ミシガン大学MBA（経営学修士）取得。

都市銀行で33年間、国内・外の多様な業務に従事したあと、証券会社を経て、現在、不動産会社に勤務。

日本比較経営学会・日本経営倫理学会会員。


著書『日本再生のヒント——アメリカ、アジア、ヨーロッパに住んで』（花伝社　2002年）

定年先遣隊——趣味は生きがいになりえるか？

2006年7月20日　　初版第1刷発行

著者 ——竹沢利器雄
発行者 ——平田　勝
発行 ——花伝社
発売 ——共栄書房
〒101-0065　東京都千代田区西神田2-7-6 川合ビル
電話　03-3263-3813
FAX　03-3239-8272
E-mail　kadensha@muf.biglobe.ne.jp
URL　http://www1.biz.biglobe.ne.jp/~kadensha
振替 ——00140-6-59661
装幀 ——テラカワアキヒロ
印刷・製本 —モリモト印刷株式会社

ISBN4-7634-0470-9 C0036